U0499464

何紫云 ◎ 著

中国内地企业赴港 **IPO**
空间网络研究

中国财经出版传媒集团

经济科学出版社
Economic Science Press

·北 京·

图书在版编目（CIP）数据

中国内地企业赴港 IPO 空间网络研究 / 何紫云著 .
北京 ： 经济科学出版社，2024. 9. -- ISBN 978 - 7 -5218 -
6361 -1

Ⅰ. F279. 24

中国国家版本馆 CIP 数据核字第 2024KP2869 号

责任编辑：撒晓宇
责任校对：齐　杰
责任印制：范　艳

中国内地企业赴港 IPO 空间网络研究

何紫云　著

经济科学出版社出版、发行　新华书店经销

社址：北京市海淀区阜成路甲 28 号　邮编：100142

总编部电话：010 - 88191217　发行部电话：010 - 88191522

网址：www. esp. com. cn

电子邮箱：esp@ esp. com. cn

天猫网店：经济科学出版社旗舰店

网址：http://jjkxcbs. tmall. com

北京季蜂印刷有限公司印装

710 × 1000　16 开　14 印张　210000 字

2024 年 9 月第 1 版　2024 年 9 月第 1 次印刷

ISBN 978 - 7 -5218 -6361 -1　定价：56. 00 元

（图书出现印装问题，本社负责调换。电话：010 - 88191545）

（版权所有　侵权必究　打击盗版　举报热线：010 - 88191661

QQ：2242791300　营销中心电话：010 - 88191537

电子邮箱：dbts@ esp. com. cn）

前　　言

随着中国经济发展及资本市场对外开放程度的持续加深，越来越多的中国内地企业赴境外上市，香港证券交易所是内地企业境外上市的首选市场。集聚于国际金融中心的高级商业服务业（ABS）企业为内地企业提供上市中介服务，对内地企业赴港首次公开募股（Initial Public Offering，IPO）的成功起到了举足轻重的作用。每起 IPO 需要不同职能的 ABS 企业合作完成，ABS 企业长期往返于办事处、客户所在地及证券交易所之间，不同城市之间产生了人流、信息流、资金流，形成了全球范围的企业间服务网络及合作网络。企业境外上市的空间分布是金融地理学的研究热点，但已有研究只初步关注了上市企业总部的空间分布，而忽视了 ABS 企业的空间分布及企业间关系的研究。

本书通过招股说明书及金融数据库搜集数据，建立了 1999～2017 年内地企业赴港 IPO 数据库，研究了内地赴港 IPO 企业与ABS 企业的空间分布，并根据企业间服务关系和合作关系分别构建了企业网络和城市网络，不仅克服了现有城市网络实证研究中企业总部—分支的组织关系数据无法反映实际经济活动的局限性，而且提供了研究世界城市网络的另一种视角，即从某个特定国家的视角考察新兴经济体的高端金融活动推动全球网络发展的过程。此外，本文结合 IPO 实务中上市中介的声誉机制，重点从 ABS 企业的本地集聚经济、跨区域联系及网络外部性、距离与邻近性等方面探索了网络形成的影响因素。本书的主要结论包括以下几个方面：

第一，赴港 IPO 中内地赴港 IPO 企业与 ABS 企业的空间分布特征。随着中国改革开放的深化，内地赴港 IPO 企业总部由东部向中西部扩展，从经济发达地区向欠发达地区蔓延。大部分参与 IPO 的 ABS 企业集中分布于香港、内地东部沿海、美国东部和西北沿海，以及东南亚、欧洲和大洋洲的国际金融中心，实际参与 IPO 的 ABS 企业分支机构往往不同于其总部所在城市。由于监管宽松、税收减免等原因，大部分赴港 IPO 企业选择在开曼群岛等离岸金融中心注册并通过"红筹模式"上市。

第二，内地赴港 IPO 企业与 ABS 企业服务关系形成的城市网络的空间结构特征。内地企业赴港 IPO 中的企业间服务关系增强了世界城市网络中内地城市的控制指挥中心功能及部分境外城市的金融服务中心功能：北京、上海、深圳、广州是网络中的控制指挥中心，香港、开曼群岛、伦敦是金融服务中心。不同城市在承销、法律及审计的细分行业上的优势不同。不同所有制属性的内地企业的赴港 IPO 活动塑造了不同的城市网络。

第三，内地企业赴港 IPO 中 ABS 企业之间的合作关系形成的城市网络的空间结构特征。在境外城市中，香港、开曼群岛和伦敦占据绝对优势。北美城市的总联系值较大，但中介功能较弱，而吉隆坡、澳门、悉尼、曼谷等亚太城市总联系值较小，但中介功能较强。随着时间推移，纽约在城市网络中的地位逐渐被伦敦及亚太城市取代。在内地城市中，北京、上海、深圳和广州占据绝对优势。

第四，内地赴港 IPO 企业与 ABS 企业之间服务网络形成的影响因素。在国家尺度，ABS 服务来源国的商业服务业出口比较优势、人均 GDP、机场客流量、与中国签订自贸协定显著正向促进了该国 ABS 对中国出口服务。各国与香港的地理距离不利于各国向中国出口 ABS 服务。与香港或内地的文化距离均不利于服务贸易联系。得益于中国高级商业服务业的提升、国家政策支持及全球金融危机带来的机会，中资 ABS 企业在赴港 IPO 中所占的市场份额越来越大。在城市尺度上，内地城市在 ABS 企业合作网络中的跨区域联系增加了内地城市为上市企业提供 ABS 服务的可能。

第五，ABS 企业合作网络演化的多维邻近性效应。ABS 企业的度中心性及声誉具有自我强化的倾向，更高度中心性或声誉的 ABS 企业更容易被其他企业选择。两个 ABS 企业的选择具有互惠的特征，多个 ABS 企业之间的相互联系具有传递的特征。声誉相似、所有制属性相同、总部集团相同的 ABS 企业倾向于相互选择。社会、制度、组织、地理邻近性促进了 ABS 企业的相互选择。

目　　录

第1章　绪　　论

1.1　研究背景

1.1.1　现实背景

随着中国经济发展及资本市场对外开放程度的持续加深，越来越多的内地企业通过赴境外上市融入全球资本市场。2018 年，在境内市场上市的内地企业数量为 106 家，在境外市场上市的内地企业为 126 家。内地企业境外上市数量已经超过国内上市数量，究其原因，一方面，中国整体经济高速增长，内地企业在全球经济中逐渐具备竞争力，业务的扩展带来了更大的融资需求；另一方面，国内 A 股上市审核严格，导致中国企业在国内上市数量大幅下降。对内地企业来说，境外上市解决了企业发展的融资困境，改善了企业治理，提升了企业知名度；对区域发展来说，境外上市带动了地方经济的发展，拥有更多数量的境外上市企业是城市竞争力的体现。

香港证券交易所因其地理、文化和经济上的邻近性，成为吸引了最多中国企业的境外上市目的地（Yang and Lau，2006；Pan and Brooker，2014），同时，香港资本市场的首要服务对象也是内地企业。例如，2017年全年共 74 家内地企业赴境外证券市场首次公开募股，其中，赴港 IPO 的

1

中国企业有 50 家，占香港 IPO 企业总数的 31%，研究内地企业赴港 IPO 对于内地企业境外上市的研究而言具有很强的代表性。

中国内地企业需要聘请高级商业服务业（advanced bussiness service，ABS）企业共同参与为期一年以上的 IPO 前期准备及发行工作。不同类型的 ABS 企业（包括证券公司、律师事务所、会计师事务所等）达成合作关系，为内地企业提供上市中介服务。在内地企业境外 IPO 的初期阶段，全球领先的外资 ABS 企业（如高盛、毕马威等）对内地企业 IPO 成功的意义重大。沃尔特（Walter）和豪伊（Howie）认为，20 世纪 90 年代，内地没有可以吸引国际投资者的大型国有企业，政府必须与全球领先的 ABS 企业合作，从无到有地打造国家冠军企业，可以说，21 世纪的新中国就是高盛和年利达创造的世界。内地企业选择知名外资 ABS 企业，是因为中国本土 ABS 企业不具备相应的专业知识和网络，而知名外资 ABS 企业可以利用自己的高声誉帮助国有企业在国际股票市场上出售（Wojcik and Camilleri，2015）。40 年前，中国内地资本市场甚至无法筹集 5 000 万美元开展仪征化纤的工业项目，得益于高盛及摩根士丹利等外资投行，这类小型、破产及管理不善的地方公司被合并重组成了类似于中国石化及中国移动的大型国有企业，并且这些券商利用自己的专业知识使得这些公司纸面上看起来不错。内地大型国有企业都会聘请知名的纽约或欧洲公司担任顾问，而且都向四大会计师事务所（德勤、安永、毕马威、普华永道）寻求服务。

知名 ABS 企业集聚在香港、伦敦、纽约等国际金融中心。企业境外 IPO 是极度高端的经济活动，其中 ABS 企业的集聚反映了全球城市的竞争力（Sassen，1991），在世界城市体系中起着控制与支配的作用（Friedmann，1986）。在为内地企业赴港 IPO 提供服务的过程中，首先由 ABS 企业总部向香港或客户所在地的办事处派出专业人员，客户所在地一般包括了上市企业的总部所在地、注册地及国外分支机构。接着，ABS 专业人员需要长期频繁地在办事处及客户所在地之间奔波（Wojcik and Camilleri，2015），不同城市之间产生了人流、信息流、资金流，形成了全球范围内的企业间服务网络及相应的城市网络。同样地，服务于同一起 IPO 的不同职能的 ABS 企业之间长期合作，也形成了全球范围的企业间合作网络及相应的城市网络。随着中国金融服务业企业国际化战略的深入推进，越来越多根植于中国内地城市的中资 ABS 企业"走出去"，开始重塑并融入全球金融网络（Pan et al.，2018c）；相应地，中国内地城市作为战略节点也开始融入世界城市网络。随着中国经济的发展，中国城市在世界城市网络中的地位越来越重要（唐子来和李粲，2015）。

　　总之，赴港 IPO 是中国内地企业融入国际资本市场的重要途径，集聚于国际金融中心的 ABS 企业合作为内地企业提供服务，对 IPO 的成功起到了举足轻重的作用。金融地理学者对内地企业赴港 IPO 进行了初步的探讨，但已有研究只涉及了赴港 IPO 内地企业总部所在地的空间分布，忽略了对 ABS 企业及企业间关系的研究。空间视角下对内地企业赴港 IPO 事件中包含的重要行动者（上市企业、ABS 企业）的研究仍需要深入探讨：（1）赴港 IPO 企业与 ABS 企业之间的服务关系及 ABS 企业之间的合作关系形成的企业网络及城市网络的结构特征如何？（2）随着中国金融服务业企业国际化战略的深入推进，中资 ABS 企业及中国内地城市在全球网络中的地位如何变化？本书采用社会网络分析来对中国内地赴港 IPO 事件中的企业间关系进行空间结构研究及可视化表达，有助于从中国视角探索中国城市融入世界城市网络的过程以及中国领军企业融入全球金融网络的过程，具有重要的现实意义。

1.1.2　学术背景

　　企业境外上市是金融地理学的研究热点，但已有文献主要关注境外上市目的地的研究，而忽略了为上市提供服务的 ABS 企业及企业间关系网络的研究。企业境外上市目的地的影响因素主要有地理邻近性（Pagano et al.，2002；Sarkissian and Schill，2004）、会计标准与法律体制（Reese and Weisbach，2002；Pagano et al.，2001）、融资成本（Aggarwal and Angel，1997）、交易所声誉（Chemmanur and Fulghieri，2006）等。由于地理、文化、产业上的邻近性，香港是中国企业境外上市的首选市场（Pan and Brooker，2014；Yang and Lau，2006），卡尔曼和克纳普（Karreman and Knaap，2012）指出，对比香港与国内证券市场，大型国有企业更倾向于赴港上市，而中小民营企业更倾向于在深交所和上交所上市。

集聚是上市企业总部与为其提供服务的 ABS 企业的空间分布最基本的特征。一方面，上市企业总部数量是一个城市经济实力和竞争力的体现（潘峰华等，2013），是一个国家整体经济实力和对外开放程度的体现，在全球尺度上是世界城市控制和支配中心功能的体现（Friedmann，1986）。赴港上市内地企业总部主要集聚在城市经济规模大、金融业发展水平高、交通情况好、信息化与通信能力强、与香港的距离近、行政级别高的东部沿海地区及省会城市（张凤梅等，2015）。另一方面，境外上市是对 ABS 企业专业度要求极高的高端商业活动（Pan and Brooker，2014；Wojcik and Burger，2010），证券、法律、会计等金融服务企业的空间集聚体现了全球城市的金融中心及金融服务功能（Sassen，1991）。ABS 企业往往集聚在拥有充足的人力资本、便利的基础设施的（Pereira and Derudder，2010）香港、伦敦、纽约、新加坡等世界城市以及开曼群岛等离岸金融中心（Derudder and Taylor，2019）。

企业境外上市过程中，上市企业与 ABS 企业之间的多种类型的关联形成了连接地方与全球的复杂的关系网络，这些网络根植于特定的地理区位。内地企业赴港 IPO 过程包含了企业间纵向关联——ABS 企业服务于上市企业，横向关联——不同细分行业之间的 ABS 企业之间相互合作，企业集团内部关联——属于同一集团的不同分支机构的 ABS 企业服务于同一起IPO，不同类型的关系网络展现了内地企业和城市融入全球网络的过程的不同断面。首先，在全球尺度的服务关系中，内地城市一方面，得益于上市企业总部集聚而作为世界控制与支配中心与 ABS 企业集聚的全球城市相连接；另一方面，内地城市作为内地上市企业新兴的本土高端商业服务提供者而跻身全球城市的行列。其次，得益于全球尺度的合作关系，内地城市作为新兴 ABS 企业集聚中心与作为老牌知名 ABS 服务集聚中心的其他全球城市相连接；此外，知名 ABS 企业往往根据自身扩张战略形成了全球网络，在 IPO 事件形成的复杂网络中，ABS 企业的组织从属关系使得网络节点呈现层级体系。

　　虽然地理学者对上市企业总部和 ABS 企业的区位都分别进行了研究，但已有文献缺乏系统地从地理学角度探讨对上市企业及相关 ABS 企业间形成的关系网络的分析。本书首次系统地探讨了内地企业赴港 IPO 中内地上市企业与 ABS 企业的空间分布，将 ABS 企业间合作关系及其与客户之间的服务关系刻画为城市网络，在研究视角、网络构建方法、网络分析方法及网络机制探讨等方面都克服了城市网络研究代表性研究团队 GaWC 小组现有研究中的诸多局限性。

　　在网络构建方法上，GaWC 小组采用 APS 企业总部与分支机构之间的组织关系构建城市网络（Taylor and Derudder，2004；Beaverstock et al.，2000；Taylor，2001），然而这类数据被认为不能反映城市之间实际的经济流动（Nordlund，2004）。虽然很多学者强调了采用企业间联系的重要性（Luthi et al.，2010），但由于数据不容易获取，采用反映实际经济活动的企业间联系构建城市联系的研究最近才开始出现。例如，叶等（Yeh et al.，2015）通过基于企业间业务联系的问卷调查，研究了中国珠江三角洲地区的城市网络。潘等（Pan et al.，2017，2018a）通过在内地证券市场上市过程中的上市企业与 ABS 企业间服务关系及 ABS 企业间合作关系来构建内地范围的城市网络。在 IPO 中，券商、律所、会计师事务所（以下简称会计所）等合作为内地企业提供专业服务，人员、资金、信息等城际流动得以发生。因此，ABS 合作关系及其与客户之间的服务关系是反映城际连接的理想工具。

　　在研究视角上，GaWC 小组基于统一标准选择跨国企业数据构建世界城市网络，对全球范围内的城市进行标准化层级评价。然而，这类网络不能充分反映一个城市在其国家或区域城市系统中的真实影响（Derruder，2006）。一个特定国家或地区的城市网络不能简单地看作现有世界城市网络的扩展（Zhao et al.，2015）。此外，GaWC 小组的研究假定了非美国或非欧洲城市被动地连接到世界城市网络。然而，非美国或非欧洲的企业已经越来越国际化，拥有自己的定位策略并形成了城市网络（Robinson，2002）。部分学者开始通过一个特定国家的企业的全球活动来探索城市网络。例如，澳大利亚的能源企业已经形成了一种独特的全球范围的城市网络（Martinus and Tonts，2015）。随着中国经济的发展，中国城市在世界城市网络中的地位越来越重要（唐子来和李粲，2015），已有中国学者研究了中国金融服务企业如何利用中国银行在境外市场的总部和分支机构，融入并重塑全球金融网络（Pan et al.，2018c）。本书以中国视角构建全球范围内的城市网络，探讨中国城市和企业通过高端金融活动形成的网络。

在网络结构特征的分析方法上，城市网络学者在不同"流"空间形成的网络的分析中的侧重点不一致：交通地理研究强调对于由城市间交通流形成的网络的空间结构的描述性分析，往往对包含了大量空间节点的大数据进行复杂的网络结构运算。然而，由 GaWC 小组主导的基于企业间关系构建的城市网络更加强调企业间经济联系的内在机制及城市的经济属性。因此，在企业间联系形成城市网络的研究中，由于包含的节点数量少、网络结构简单，往往采用简单而常规网络分析指标（如度中心性、中介中心性、亲近中心性）对城市进行排序，但是这种城市网络研究的方法被认为与网络科学技术的融合并不充分（Ducruet and Beauguitte，2014），缺乏对网络方法深入的探讨，同时也缺乏对企业间关系及具体经济事件的解释。少量城市学者开始深入探讨城市网络研究中的方法（Neal，2018），并采用社会网络演化模型探索城市网络演化的影响因素（Liu et al.，2013）。本书在借鉴 GaWC 小组连锁网络模型的基础上，充分结合网络科学领域的方法，采用先进的随机行动者模型从微观视角研究了网络的演化过程。

总之，企业境外上市是金融地理学的研究热点，虽然地理学者对赴港 IPO 内地企业总部和 ABS 企业的集聚区位都分别进行了研究，但忽略了对 ABS 企业及企业间关系网络的研究。本书旨在展现由上市企业与 ABS 企业之间的多种类型的关联形成的连接地方与全球的复杂的关系网络，通过将赴港 IPO 中企业间联系刻画为城市网络，克服了现有城市网络实证研究中企业总部—分支的组织关系数据无法反映实际经济活动的局限性。并且，本书对反映网络结构形成机制的以下问题进行了探讨：（1）在内地企业赴港 IPO 的服务关系中，内地企业选择 ABS 企业受到什么因素影响？（2）在合作关系中，ABS 企业之间的相互选择受到什么因素影响？

目前基于企业关系构建的世界城市网络研究对于网络空间结构形成机制的影响因素的探讨比较少，没有形成固定的研究范式。空间和区位的作用被认为是企业网络结构和运行中越来越重要的特征（Pittaway et al.，2004；Davenport，2005）。少量 GaWC 小组的研究以城市节点的某个中心度得分为被解释变量，以城市的 GDP/人口等常规的反映本地经济规模的指标为解释变量，来进行网络形成的机制探索（Pereira and Derudder，2010），初步说明城市的本地集聚经济水平与城市在网络中的重要性正相关。近期，已有学者（Glückler，2007）指出，以知识服务为主的 APS 企业的集聚不应该过分强调本地联系，对 APS 企业的集聚的解释应该从强调"如何通过技术提升生产、控制成本"的本地集聚因素转向"如何通过关系获取机会"的跨区域联系及网络外部性因素。此外，企业间的多维邻近性是具有深厚的理论及实证研究基础的影响知识服务与合作网络形成的因素之一（Marshall，1920；Boschma，2005；Heringa et al.，2016）。基于这些文献，本书提出，以网络中城市中心度得分为被解释变量，从 ABS 企业的本地集聚经济、跨区域联系及网络外部性、邻近性或距离因素三个方面来从空间视角探索网络形成机制的影响因素。此外，针对 IPO 中拟上市企业对上市中介机构的选择及上市中介之间相互选择的影响因素，经管领域文献主要从委托代理理论、信息假说理论和信号传递理论的角度出发，考虑企业声誉及政治关联等因素的作用。因此，本书在探讨网络结构的影响因素时也考虑了 ABS 企业声誉因素及所有制属性，但受限于数据可得性，与金融事件相关的其他因素并未纳入考虑。需要说明的是，本书重点关注与空间相关的因素，目的在于探讨城市或企业的重要性与其区位特征、网络位置的相关性，与经管及金融领域有关的影响因素不是本书讨论的重点内容。

1.2 研究意义

1.2.1 实践意义

第一，研究赴港 IPO 中内地企业及中资 ABS 企业的时空分布，有助于了解中国经济发展及对外开放的进程。首先，赴港 IPO 的内地企业总部数量反映了中国整体经济实力和对外开放程度；其次，为上市企业提供服务的中资 ABS 企业的数量反映了中国高级商业服务业的发展水平及 ABS 企业的境外扩张战略。

第二，研究赴港 IPO 中企业间联系，采用社会网络分析来对内地赴港 IPO 事件中的企业间联系进行空间结构研究及可视化表达，有助于从中国的视角探索内地城市融入世界城市网络的过程及内地企业融入全球金融网络的过程。

第三，研究国家尺度的企业服务关系网络形成的影响因素（见第 6 章），展示了国际 ABS 企业依托香港为内地企业提供服务的过程，有助于了解香港在内地和全球市场之间的中介作用；研究微观尺度的企业合作关系网络形成的影响因素（见第 8 章），对于内地企业的 IPO 实务具有实际的指导意义。

1.2.2 理论意义

第一，已有文献对内地企业赴港 IPO 的相关研究停留在上市企业总部的初步的空间分布分析上，忽略了 ABS 企业的研究。本书对内地企业赴港 IPO 中的内地企业的总部、注册地、ABS 企业的总部及分支进行研究，更加全面、系统地掌握了内地企业赴港 IPO 这一经济行为的空间分布。

第二，本书将 ABS 企业间合作关系及其与客户之间的服务关系刻画为城市网络，克服了现有城市网络实证研究中企业总部—分支的组织关系数据无法反映实际经济活动的局限性。本书提供了一种新的视角，反映了中国城市和企业通过高端融资活动形成的全球范围的城市网络的格局。

第三，目前城市网络研究还局限在对网络空间结构的描述性研究上，缺乏对网络形成机制的探讨（潘峰华和方成，2019），本书强调 ABS 企业的本地集聚因素、跨区域联系及网络外部性因素、邻近性或距离因素等空间视角，结合国际服务贸易、ABS 企业声誉等经管金融视角，探索了企业间关系形成的网络特征的影响因素。

1.3　内地企业赴港 IPO 的含义

1.3.1　内地企业赴港 IPO 的概念

内地企业赴港 IPO 指的是内地企业在香港交易所以首次公开向投资者发行股票的方式挂牌，以期募集用于企业发展资金的经济行为。

根据《香港联合交易所有限公司证券上市规则》（以下简称《上市规则》），拟上市公司可采用两种将其股份在香港交易所上市交易：IPO 和介绍上市（way of introduction）。除此之外，买壳上市（backdoor listing）是内地企业赴港间接上市的常用方式之一。

本书定义的内地赴港上市企业既包括中国境内资本直接控制的上市企业，也包括香港资本控制的主要业务和资产都在中国境内的在香港联交所上市的企业。这种定义与香港交易所"披露易"对"内地企业"的定义及万得金融数据库对"中概股"的定义一致。由于"内地企业""企业上市"含义的复杂性，以及已有金融数据平台不完善，已有研究中对"内地企业赴港上市"事件的定义范围相差较大（张凤梅等，2014；习伟程和邱

责忠，2002）。因此，后文详述了本书建立内地企业赴港 IPO 数据库的
过程。

1.3.2　中国内地企业赴港 IPO 中的行动者

参与中国企业赴港 IPO 发行的各方包括发行人及上市中介公司（见
图 1 - 1）。发行人（issuer）即拟上市的中国内地企业，上市中介公司即证
券公司、法律公司、会计师事务所等高级商业服务业企业（Advanced Busi-
ness Services，ABS）。不同类型的 ABS 企业承担不同的职责，证券公司评
估公司价值，为发行价提供建议，起草首次公开发行招股说明书，并向潜
在投资者推销股票。此外，作为承销商的证券公司将以预定价格买入任何
未出售给投资者的股票。作为保荐机构的证券公司是参与各方的总协调
人，在所有 ABS 企业中起主导作用。律师应当保证发行人、IPO 符合上市
及出售所在地的所有法律法规。赴港 IPO 中的律师一般包括承销商的香港
法律顾问和赴港上市企业的法律顾问，后者一般包括来自上市企业总部的
法律顾问，以及来自上市企业国外分支机构的法律顾问，部分红筹股（注
册地在境外）还有来自开曼群岛等离岸金融中心的法律顾问。会计人员应
当保证招股说明书所列发行人的财务报表真实公正，符合所在市场的会计
准则。资产评估师等其他中介不是 IPO 中的重要组成部分，本书不涉及其
他中介。

20 世纪后半叶，生产性服务业在经济发展中占据越来越重要的地位，
因此成为了经济学和地理学的研究热点。格林菲尔德（Greenfield，1966）
提出了生产性服务业（producer service）的概念，认为生产性服务业是为
生产者提供的服务的行业。科菲和贝利（Coffey and Bailly）认为生产性服
务业具有中介的功能。布朗宁和辛格曼（Browning and Singelman）将服务
业分成分配性、消费性、生产性和社会公共性服务业（孟潇等，2014）。
国家统计局将生产性服务分为金融服务、商务服务、信息服务、货物运输
仓储和邮政快递服务、节能与环保服务等共十类服务（国家统计局，2015）。

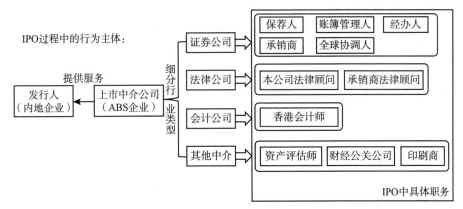

图 1 - 1 IPO 过程中包含的行动者示意

卡斯特（Castells，1996）提出了高级生产性服务业的概念，认为随着全球化和信息化的发展，由"技术专家—金融—管理精英"等专业人士提供的服务形成了全球范围的"流"，在其中充当战略性地方的枢纽成为了全球城市。综合德鲁德和泰勒（Derudder and Taylor）的研究，APS 企业在信息化的背景下建立了提供专业管理知识的全球服务网络。

ABS 的行业门类隶属于 APS 的范畴。随着金融在全球经济政治中的地位越来越重要（Pike and Pollard，2010），金融和其他高级商业服务业（ABS）企业成为了全球化的重要推动力量。科等（Coe et al.，2014）提出全球金融网络的概念框架，并强调 ABS 企业在金融全球化的高等级商业活动起到了关键作用，ABS 企业主要包括为金融业提供服务的证券、律所、会计所及咨询等行业。

1.3.3 内地企业赴港 IPO 中的空间主体

本书涉及的空间主体包括内地赴港 IPO 企业的总部和注册地，ABS 企业的全球总部和参与 IPO 的分支机构所在地，以及上市交易所所在地——香港。本书涉及的空间尺度既包括城市尺度，也包括国家尺度。

内地赴港 IPO 企业总部主要位于中国内地，但是根据香港交易所公布的招股说明书中"公司资料"一章所述的公司总部，也有部分上市企业总部来自香港、澳门等城市。即使这些公司总部不位于内地，其控股权及主要业务也位于内地。内地赴港 IPO 企业注册地大部分位于中国内地，少部分位于境外城市，一般是开曼群岛等离岸金融中心（见图 1–2），将上市实体注册在境外的中国上市企业也被称为"红筹股"。

IPO过程中的空间主体：

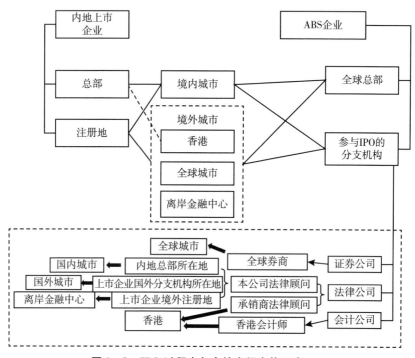

图 1–2　IPO 过程中包含的空间主体示意

ABS 企业全球总部及参与 IPO 的分支机构都主要来自全球著名的金融中心。但是，根据香港交易所的《上市规则》，承担不同职务的 ABS 企业的空间分布有显著的区别。首先，香港交易所没有针对证券公司的所在城市的相关规定，参与 IPO 的券商来自全球；其次，根据相关上市规定，法律公司包括承销商的香港法律顾问和本公司的法律顾问。后者一般包括来自内地总部的法律顾问，以及来自上市企业国外分支机构的法律顾问，部分红筹股还有来自开曼群岛等离岸金融中心的法律顾问；会计公司一般为一家注册地在香港的会计公司。

1.3.4　内地企业赴港 IPO 数据库

本书通过查找大量的资料，建立了完整的内地企业赴港 IPO 数据库，补齐了以往研究中对"内地企业赴港 IPO 上市"事件的定义范围的混乱及数据来源不可靠的短板。数据来源既包括从万得数据库的企业基础融资数据，也包括了从招股说明书中获取的企业关系型数据。通过大量检索企业官方网站以及新闻网页对 IPO 事件及企业属性进行复查。

本书 IPO 事件的确认经历了三个步骤。第一，下载截至 2017 年 12 月底香港联交所和证监会网站的包括主板与创业板在内的 1 006 家被列为"内地企业"的企业名单（与万得金融数据库"中概股"名单一致）。

第二，在香港联交所"披露易"获取内地企业招股说明书或招股章程，获取发行人及 ABS 企业的名称及地址等信息。1999 年之前的招股说明书在香港联交所官网中没有披露，因此，本书包含的 IPO 事件时间范围为 1999～2017 年，共 19 年，获取招股说明书共 789 份。

第三，根据招股说明书中的"公司背景资料""企业总部"，排除 58 家非中资壳企业，最终确认 731 起中资企业赴港 IPO 事件。共有 929 家不同的 ABS 企业为这 731 个内地企业提供服务。

企业地址的确认有两点需要说明：（1）内地企业总部及参与 IPO 的 ABS 企业的地址均采用招股说明书中"参与发行各方"及"企业资料"章节中的表述。（2）如果同一家 ABS 企业在多个城市设有办公室，则计作不同的 ABS 企业。如果同一个城市中分布了同一家 ABS 企业的不同办公室或分支机构，也计作不同的 ABS 企业。

最终形成的数据库既包含内地企业、ABS 企业、IPO 事件的属性数据，也包含同一个 IPO 事件中内地企业与 ABS 企业对应的关系型数据。属性数据包括股票代码、股票所属概念、上市日期、IPO 融资规模、基础投资人、上市企业名称、上市企业所有制、上市企业总部城市、上市企业注册地址、上市企业行业类型、ABS 企业名称、ABS 企业（参与 IPO 的部门）所在国家和城市、ABS 企业全球总部所在国家和城市、ABS 企业资金背景。

1.4 研 究 设 计

1.4.1 研究目标

本书旨在通过研究内地企业赴港 IPO 事件中内地企业及相关 ABS 企业形成的服务网络及合作网络，来揭示由企业间实际经济流形成的城市网络的动态过程，并探索城市网络形成的影响因素。需要说明的是，本书研究的重点不是内地企业赴港 IPO 是否成功。一旦某个 IPO 成功，这个事件就结束了。然而，这个事件会持续发生和变化，在地理空间上留下记录。不断发生的 IPO 事件引发的网络在地理空间上是否具有地域性？是否持续地发生在某些地理范围，或发生范围的变化具有一定的规律可循？如何理解和解释这个具有地域性的网络。通过梳理城市网络领域、服务业地理学领域及经管领域的文献，本书认为，这个网络根植于众多具有一定特征的城市或国家之中，而且区域的网络位置、网络自身的结构特征、区域之间的邻近性等空间因素对区域在网络中的重要性具有重要的影响，所以本书用内地赴港 IPO 企业、ABS 企业所在的地域及其关系特征来描述和解释这个网络以及其的形成与变化。

需要进一步说明的是，与 GaWC 小组选用统一国际标准数据的模拟的"流"构建的世界城市网络不同，本书研究的内地企业赴港 IPO 这一实际经济事件形成的城市网络是鲜活的、真实的和动态的，对于理解和解释世界城市网络的形成和演化具有重要的意义，对于制订城市发展规划也具有重要的参考价值。

本书的研究目标可以分为以下两个部分。

1. 研究中国赴港 IPO 中内地企业与 ABS 企业的企业间关系形成的网络的结构特征

第一，研究内地企业赴港 IPO 中不同空间主体的分布。根据本书建立的数据库中赴港 IPO 的内地企业及 ABS 企业的基本属性数据，通过统计分析、空间分析等方法，刻画内地企业赴港 IPO 这一经济行为中各种行动者在不同属性主导下的时空分布格局。

第二，研究内地企业赴港 IPO 过程中，企业关系形成的网络格局及演化过程。采用本书建立的数据库中企业关系数据，借鉴世界城市网络的表达方式，分别构建城市网络与企业网络，刻画内地企业赴港 IPO 中，内地企业与 ABS 企业之间的服务关系及 ABS 企业之间的合作关系形成的网络及其演化过程。

2. 探索中国内地企业赴港 IPO 中企业间关系形成的网络结构特征的机制

结合服务业地理学、世界城市网络、国际服务贸易、企业 IPO 实务、复杂网络分析等研究的理论和方法，探索中国内地企业赴港 IPO 中企业间关系形成的网络结构特征的机制。

1.4.2　研究方法

1. 资料与文献综合分析法

本书通过收集相关资料，包括内地赴港上市企业招股说明书、企业官网、企业年报，各类审计、法律、证券行业等上市中介权威平台的行业研究报告，以及内地企业境外 IPO 实务相关的专著、参考手册，国际服务贸易相关的政策法规等，对内地企业赴港上市实务的行业知识有了一定的认识，并对各个金融中心的政策法规有一定的了解；同时，通过学术期刊、论文等文献资料，梳理企业境外上市相关的国内外理论和方法，广泛地结合了多学科的理论和方法。

2. 定量研究

通过招股说明书、上市企业网站等途径建构了内地企业赴港 IPO 数据库，并借助万得数据库等进行数据完善。接着采用 ArcGIS 进行空间分析及制图，用 Ucinet、Gephi 等软件进行社会网络分析与制图，通过 Stata 进行统计及回归分析，通过 R 语言的 "RSiena 包" 进行网络演化分析。

1.4.3 研究内容

1. 赴港 IPO 的内地企业与 ABS 企业的空间分布特征

基于本书建立的 1999～2017 年内地企业赴港 IPO 事件数据库，分析不同时间段的内地赴港 IPO 企业及 ABS 企业的空间分布，以及不同属性主导下的两类行为主体的空间分布特征，定性地探讨分布格局的机制。

具体包括：分时段的内地企业与 ABS 企业的空间分布，不同行业、不同所有制属性、不同股票类型的内地企业分布格局，不同行业、不同所有制属性的 ABS 企业分布格局。涉及的空间主体包括内地企业的总部所在地、注册地，ABS 企业全球总部、参与 IPO 的 ABS 企业所在地。

2. 内地赴港 IPO 企业与 ABS 企业之间服务关系形成的城市网络的空间结构特征

基于 ABS 企业与在港交所上市的中国内地企业之间的服务关系，构建了全球范围的城市网络及企业—城市的二模网络，刻画内地企业赴港 IPO 中服务关系的格局。

具体包括：内地企业与 ABS 企业服务关系形成的全球范围的城市网络的总体拓扑网络特征、重要城市节点特征，对比作为服务提供者的境外城市及作为控制指挥中心的国内城市的区别；通过城市的特征对比国内城市的本地服务与非本地服务；通过 ABS 企业—全球城市的二模网络，研究城市网络中起重要作用的 ABS 企业及其所在城市；通过构建不同所有制属性的内地企业形成的二模网络，探讨不同所有制属性的内地企业对全球城市的选择偏好，以及由不同所有制属性企业主导的城市对。

3. 国家尺度内地赴港 IPO 企业与 ABS 企业之间服务网络形成的影响因素

从宏观尺度的国际服务贸易的视角来研究中国内地企业赴港 IPO 中的 ABS 服务来源地选择分布。

具体包括：在国家尺度服务网络中，将不同国家出度中心度（即为中国提供 ABS 服务的频次）作为被解释变量，根据国际服务贸易理论结合距离因素设计回归模型。影响因素包括商业服务业总体出口比较优势、高级商业服务业行业发展基础、与中国的服务贸易关系及多维距离因素等。重点探讨各国与香港之间以及各国与中国内地之间的制度距离、文化距离、地理距离等距离因素，并且通过对比直接服务与通过香港间接服务这两种涉及不同空间主体的不同服务模式下国际服务流量对距离因素响应的差异，探讨香港在中国的境外服务贸易中的中介地位。

4. ABS 企业合作关系形成的城市网络的空间结构特征及外部性

基于内地企业赴港 IPO 中 ABS 企业之间的合作关系，构建城市网络，刻画内地企业赴港 IPO 中合作关系的空间分布，并探讨城市网络的影响因素。

具体包括：第一部分，ABS 企业合作形成的城市网络的节点总体特征的动态变化、城市网络的小世界特征、中心性领先的境外城市、中心性领先的内地城市、城市的本地合作网络与跨区域合作网络。

第二部分，研究城市尺度的国内范围的 ABS 服务来源地选择的影响因素，探讨中国 ABS 企业所在城市融入世界城市合作网络能否增加被上市企业选择的可能性，在一定程度上揭示中国内地城市融入世界城市合作网络的外部性。

5. ABS 企业合作网络演化的多维邻近性效应

基于内地企业赴港 IPO 中 ABS 企业之间的合作关系，构建企业合作网络，并采用 SABM 模型分析企业合作网络动态演化的影响因素。

具体包括：第一部分，ABS 企业合作形成的全球企业网络的总体拓扑特征、企业中心性；第二部分，结合多维邻近性理论，采用 SABM 模型探讨内地企业赴港 IPO 中 ABS 企业合作网络演化的机制。

1.4.4 技术路线

通过从招股说明书、企业官网、金融数据库搜集数据，建立了内地企业赴港 IPO 数据库。采用回归分析和社会网络分析、空间分析等方法，探讨 1999～2017 年内地企业赴港 IPO 的空间分布及其影响因素。图 1－3 是本书的技术路线。

本书旨在研究中国内地企业赴港 IPO 的经济行为中包含的两类行动者——内地企业及 ABS 企业——之间的服务关系和合作关系。首先，第 4 章采用了传统空间分析的方法对各类空间主体的空间分布进行分析。空间主体包括 ABS 企业的全球总部与参与 IPO 的分支机构、香港证券交易所、内地企业的总部城市及注册地。第 5～8 章分别从宏观的国际服务贸易视角、中观的高级生产性服务业视角到微观的企业之间相互选择的视角进行了研究，构建了城市尺度的企业服务和合作网络，探讨了 ABS 服务来源地选择的影响因素，分析了企业合作网络演化的机制。

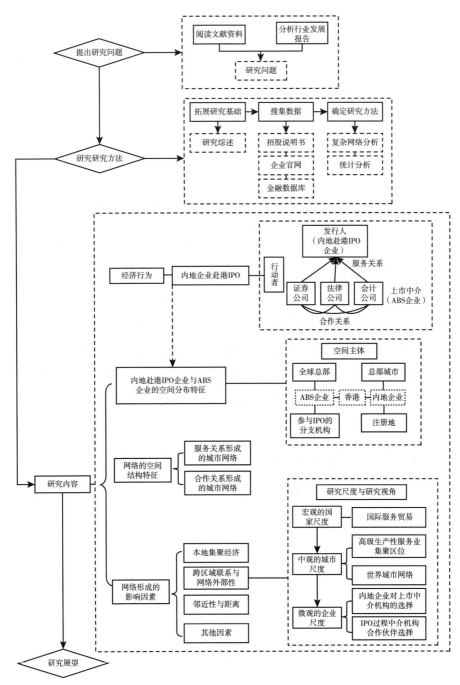

图 1-3 技术路线

第 2 章　文 献 综 述

经济地理学对中国企业赴港 IPO 的研究比较薄弱。已有研究只关注上市企业总部的空间分布，忽视了 IPO 中 ABS 企业的空间分布及企业关系的研究。中国内地企业赴港 IPO 经济行为的研究具有跨学科、多视角的属性，IPO 实务、国际服务贸易、世界城市网络等研究领域成熟的方法和理论对空间视角的研究具有非常重要的借鉴意义。本章内容根据研究的不同视角，分别从内地企业赴港 IPO 空间分布及区位特征研究、服务业地理视角下高级生产性服务业（advanced producer service，APS）企业的空间分布研究、内地企业赴港 IPO 中的世界城市网络理论及实证视角和国际服务贸易视角下内地企业赴港 IPO 研究来进行文献综述。

2.1　内地企业赴港 IPO 的动机和上市企业总部空间分布研究

2.1.1　企业境外上市的动机

企业境外上市的动机包括融资、改善公司治理水平以及提高企业知名度等。以里切特（Licht，2003）为代表的学者提出企业境外上市动机主要是国际融资。境外上市便于获取全球范围内的资金来源，可以弥补证券国内市场规模太小的缺点。仇晓敏（2005）提出内地企业赴港上市的动机是方便在其他市场再融资。梅顿（Meton，1987）的市场分割假说、世图兹（Stulz，1999）的投资者绑定假说、阿米胡德和门德尔松（Amihud and Mendelson，1986）的流动性假说都认为企业境外上市的动机主要是改善资本结构和降低资本成本，他们认为企业境外上市能够克服市场分割，提高股票的流动性，改善信息的质量，加强投资者保护。布莱克（Black，2001）的借道效应假说认为企业境外上市的动机主要是改善公司治理。企业在境外上市要按照当地的上市标准，完成公司的改制，并在挂牌期间遵守当地的法律体系和披露标准，接受当地市场的监督，为企业的规范治理提供了制度保障。索达格瑞安（Saudagaran，1988）提出企业境外上市可能是出于企业战略，企业境外上市提高了公司在当地的知名度，有利于公司的境外扩张战略。

2.1.2 企业境外上市目的地的选择

企业境外上市地选择的影响因素主要有地理距离（Pagano et al.，2002；Sarkissian and Schill，2004）、文化差异（Pagano et al.，2001）、法律体制（Reese and Weisbach，2002）、融资成本（Aggarwal and Angel，1997）、交易所声誉（Chemmanur and Fulghieri，2006）等。潘和布鲁克（Pan and Brooker，2014）研究指出，地理、文化、产业的邻近性都显著影响了内地企业境外上市目的地的选择，内地企业境外上市主要选择香港、纽约、新加坡和伦敦等市场。由于境外上市最根本的目的是通过融入全球资本市场扩大融资，资金规模、流动性是企业考虑的最主要因素，完善的监管架构和健全的法律体制、上市成本和收益也很重要（周煊和林小艳，2008），对于中国企业来说，政府的引导也起到了很大的作用（Pan and Brooker，2014）。

香港的诸多优势使越来越多的内地企业选择在香港上市。已有研究主要关注赴港上市的动机（仇晓敏，2005；耿建新，2006；阎冬，2005）。内地企业将香港作为境外上市目的地的动机包括以下几点：首先，香港是全球十大证券交易所之一，是世界级的金融中心，具备健全的法律体制、完善的监管架构和先进的交易、结算及交收设施，在高声誉的证券市场上市可以有效提高公司治理水平（孔瑗，1993）；其次，香港相对于其他境外市场，具有地理和文化邻近性；最后，香港是人民币离岸中心，赴港上市企业可以降低融资成本。此外，通过对香港市场与内地证券市场进行对比，大型国有企业更倾向于赴港上市，而中小民营企业更倾向于在深交所和上交所上市（Karreman and Knaap，2012）。

2.1.3 赴港上市的内地企业总部的空间分布特征及影响因素

地理学者对赴港上市的内地企业的空间分布特征及机制的研究较少。张凤梅等（2015）初步分析了内地赴港上市企业总部的格局及影响因素，研究发现：赴香港上市的内地企业总部主要分布在东部沿海地区，京津冀、长三角以及珠三角地区的集聚特征明显，集聚经济、距离、制度等因素影响了内地企业总部的分布格局。

2.1.4 小结

随着中国资本市场对外开放程度的持续加深，越来越多的内地企业通过境外上市融入全球资本市场，香港是内地企业境外上市的首选市场。境外上市解决了企业发展的融资困境，促进了企业治理，提升了企业声誉；对区域发展来说，境外上市带动了地方经济的发展，上市企业总部的数量代表着内地城市的竞争力水平。

目前的文献缺乏从地理学角度对内地企业赴港 IPO 空间分布的探讨。已有研究只涉及了上市企业总部的空间分布，缺乏对 ABS 企业及 ABS 企业与上市企业关系的分析。本书对内地企业赴港 IPO 中 ABS 企业空间分布及 ABS 企业与上市企业关系进行研究，填补了研究空白。此外，本书研究的空间主体不仅包括内地企业的总部地址和参与 IPO 的 ABS 企业所在地，也包括内地企业境外注册地、ABS 企业总部等空间主体。

2.2　服务业地理视角下 APS 企业的空间分布

地理学缺乏对内地企业赴港 IPO 事件中 ABS 企业的空间分布的研究，但是在服务业地理视角中对于 APS 企业的研究非常丰富，有一定的借鉴意义。

2.2.1　APS 企业集聚区位的本地外部性因素

国内外学者研究表明了高级生产性服务业在大城市集聚的空间分布。大量研究从成本优势（Scott，1988）、本地的规模经济（Krugman，1993）和本地技术溢出（Jaffe et al.，1993）的外部性来解释 APS 的集聚区位。

代表性学者（Daniel）强调了集聚经济对于服务业企业区位的影响，他指出服务业企业在一定程度上根据竞争对手的行为来决定企业选址，因为复制竞争对手的位置选择有助于最小化决策过程中的不确定性（Daniels，1985，1993）。此外，有益于企业获得基础设施和劳动力市场的城市化经济，以及有利于企业接近原材料市场和客户市场的地方化经济，也是影响服务业企业区位中自我加速进程的重要原因，而且，劳动力的素质以及发达的运输和电信基础设施对服务业企业特别重要，因为这些使它们能够组成地理上不受限制的网络（Daniel，1993）。

马歇尔和伍德（Marshall and Wood，1995）也强调了高级生产性服务业企业在大城市的集聚趋势，企业的总部办公室的集聚特征尤其明显。高级生产性服务业集聚在大城市，有益于总部的高级员工日常与客户面对面接触，获取区域内的专业支持服务及邻近相关专业知识的专家供应商。高级生产性服务业企业将除了类似于总部功能的高级需求外的日常工作，以开设分支机构的形式分散到其他城市，这是一种成本效益更高的方法。萨森指出金融服务企业在全球城市的集聚是一种自我推进的过程，集聚经济具有决定性的意义。在金融服务业企业在发展之初，每一个国际化的企业都希望在伦敦和纽约新设办事处，以深化企业在全球城市中的布局；但是，纽约和东京的金融服务企业的后期增长纯粹是因为类似企业已经存在（Sassen，1991）。

国内学者对中国的研究同样得出了服务业向大城市及中心区集聚的特征。胡霞和魏作磊（2006）探讨了我国服务业的空间分布，发现服务业呈现以东南沿海为核心，以西部地位为外围的结构特征。唐珏岚（2004）以上海为例，阐述了生产性服务业企业在国际大都市的集聚有利于获取信息与人才、企业创新和降低成本。邵晖（2008）研究了北京市内部生产性服务业的聚集特征，强调了市场规律、政府规划、城市特色等对集聚的影响。

2.2.2　APS 企业集聚区位的跨区域联系和网络外部性因素

随着新型国际劳动分工不断深化，全球经济活动的空间组织呈现网络化趋势，强调本地因素的产业集聚的理论已难以解释高度专业化的知识服务的集聚（Glückler，2007），跨区域的企业间关系的网络外部性开始被用以解释 APS 企业的集聚特征。

格吕克勒（Glückler，2007）认为知识服务不是在价值链中产生的，因此在本地拥有前向后向联系的外部性在经验上是不合理的。而且，知识服务不能产生主流集群理论中探讨的创新，因为 APS 企业的新知识不是在本地实验室或独自的业务中组织起来的，而是在给客户提供服务的联系的过程中产生的。所以，以知识服务为主的 APS 企业的集聚不应该过分强调本地联系。对 APS 企业的集聚的解释开始从"如何通过技术提升生产、控制成本"转向"如何通过关系获取机会"。

雅各布森和昂萨格（Jakobsen and Onsager，2005）采用挪威大型企业的调查和案例研究数据，探索总部办公室如何从知识密集型商业的服务、商业环境的融入、大都市圈中充足的人力资源中获利。研究发现，即使是位于大都市圈的总部办公室，还是会在区域之外进行国际联系，以获取高端服务和高级人才，而且位于大都市圈以外的总部办公室会更加进行国际联系，并且与本地的联系更少。这说明高级生产性服务业企业集聚在大城市不一定是为了接近城市内部的资源，而是为了更便利地进行国际联系。格吕克勒（2007）采用问卷调查数据对法兰克福地区管理咨询企业的研究，强调了声誉溢出的作用，即当地高等级商业服务业企业倾向于将其他地方的商业机会作为知识服务在城市群区位选择中起决定作用的因素。一个城市的相互联系越紧密，就有越多的企业能够进入跨地区的社交网络，并从声誉溢出中受益，从而传递出企业在当地的比较优势。位于互相连通的城市的企业在国际上的客户基础比那些不相互联通的城市和地区的企业要大（Glückler，2007；Daniel and Bryson，2005）。

2.2.3　不同细分行业的服务业企业空间分布存在差异

虽然服务业企业都呈现出集聚于大城市的空间分布，但是不同细分行业类型的生产性服务业的具体集聚区位特征不同。张文中（1999）从经济区位论的角度出发，研究了我国不同服务业的区位特征，发现不同服务业在集聚区位上存在差异，但总体向大城市及中心区集聚。此后，大量研究表明了不同区域和不同部门的服务业的区位特征呈现不同的趋势（程大中，2003），受不同的驱动力影响，没有统一的模式。

不同细分行业类型的服务业对地理距离的响应不同。伊列雷斯（Illeris，1994）研究了哥本哈根不同服务类型的供应商与客户所在地的地理邻近性。他采用区域间计算机技术服务的贸易数据及访谈资料，探讨了不同服务种类的企业部门与客户之间的地理距离。结果发现，不同服务类型对地理邻近性的响应不同。基础的后台服务部门的区位完全不考虑客户所在地，因为可以通过电信传播；非智力集中型的定制的服务部门与客户具有地理邻近性，因为需要考虑成本和互信；高度专业化的服务部门所在地也不需要考虑客户所在地，因为他们的服务价值很好，任何与会议相关的差旅费用都是合理的。

相对于其他服务业，金融服务业的集聚特征更加突出，而且倾向于集聚在世界主要城市。金融服务业更加注重信息的及时性，为减少非标准化信息在传递过程中的损耗及误差，金融服务业更倾向于集聚在信息中心地，而不是随意布局（梁颖，2006；梁颖和罗霄，2006）。萨森（1991）提出金融服务业企业的空间集聚是全球城市的金融中心功能的体现，熟练劳动力的存在、发达的基础设施和放松管制的市场是全球城市吸引国际化金融服务企业的最主要因素之一。

2.2.4　APS 企业分布的空间过程

随着研究的不断深入及产业发展的演化，由静态分析转向空间分布时间变化的动态研究发现，服务业空间过程非常复杂，不仅仅有单一的"集聚"的过程，也有"扩散"的过程。扩散的原因包括跟随客户、占领市场的战略，扩大场地，减少成本等方面，不同行业的服务业的空间过程差异明显。

大量欧洲学者以计算机服务业为例研究了高级生产性服务业的"扩散"过程。伦德马克（Lundmark，1995）发现基于"靠近客户"的动机，20 世纪 80 年代瑞典计算机服务业的集聚区位开始从都市中心逐渐向区域性中心和工业区分散。此外，韦特林斯等（Weterings et al.，2003）以荷兰为例，佩德森和达伦（Pedersen and Dalum，2006）以丹麦为例，研究了软件与计算机服务业地理空间过程的演化，都发现了集聚力量与扩散力量的相互作用。伊列雷斯（2013）采用加拿大跨省生产性服务业的贸易数据，研究了企业郊区化的趋势：大部分生产性服务业企业开始郊区化，主要是为了寻找大型场地和提高汽车的可达性，只有少部分企业（如律所）依然保持了市中心的集聚特征，一方面是历史原因，另一方面是为了减少与商业伙伴面对面接触的成本。

金融服务业及高级商业服务业同样呈现动态的"集聚"或"扩散"的趋势。潘迪特等（Pandit et al.，2002）发现由于管制的放松、全球化进程和技术变革的加快，英国金融服务业和广播业集聚的趋势越来越强。本德曼（Bodenman，2005）对费城都市区投资咨询业的研究却表明了相反的趋势。研究发现，虽然该产业的集聚总体呈增长趋势，但是在传统的中心商业区却相对下降，有向周边扩散的趋势。

2.2.5 小结

服务业地理视角对于高级生产性服务业的空间分布的研究非常丰富。总体来看，高级生产性服务业集聚在大城市或区域中心。集聚的动机包括"接近客户""接近原材料与市场""接近合作者或竞争者"等方面，集聚的区位考虑了高素质的劳动力、发达的运输和电信基础设施等与规模经济和技术溢出有关的外部性的本地因素，以及跨区域联系、城市网络的声誉溢出等因素。

从时间变化来看，高级生产性服务业分布的空间过程不仅有单一的"集聚"的过程，也有"扩散"的过程。扩散的原因包括跟随客户、占领市场的战略，扩大场地，减少成本等方面。ABS 隶属于 APS，同样呈现出相似的动态的"集聚"或"扩散"的趋势。不同细分行业的生产性服务业的具体区位特征也不同。

虽然服务业地理视角对 APS 企业的区位及空间变化的影响因素已有丰富的研究，但是其仍然存在一些不足，对于本书探讨的内地企业赴港 IPO 中 ABS 企业分布的影响因素的参考作用有限。第一，受限于数据，样本全面的行业统计数据是只涉及了 APS 企业地址的本地属性数据，无法反映出服务供应商与客户之间的关系及服务的流量，只有少量经济学领域文献通过问卷和访谈搜集了企业之间服务关系的数据进行研究。因此，这类研究重点关注区域的空间属性对区域服务业竞争力的影响，而难以衡量关系网络对经济的影响。第二，由于难以获取真实而完整的反映服务关系的数据，大部分文献研究的服务范围局限在城市、大都市圈内部或国家内部，而不包含跨区域的研究，特别是跨国的服务关系研究。

2.3 世界城市网络视角下的内地企业赴港 IPO 中的 ABS 流动

2.3.1 世界城市网络理论

1. 世界城市中 APS 企业的关键作用

世界城市研究的早期阶段，科恩（Cohen，1981）提出了"全球城市"的概念，他认为能够提供全球商业决策和企业战略的跨国公司和 APS 企业对于"全球"城市形成起到了关键作用。弗里德曼（1986）提出世界城市体系呈等级分布，世界城市中的企业总部、金融服务业和 ABS 企业服务业的集聚体现了"全球控制中心功能"。萨森（Sassen，1991）以金融服务业的发达程度来衡量"全球城市"的功能。她认为，作为世界经济组织的命令中心，全球城市是金融和专业服务业的集聚中心、生产中心和主要市场，而非制造业的。

早期世界城市研究在理论和实证中都存在一定的问题。在理论方面，早期研究将城市视作特定国家内的有边界的地方，认为城市是呈等级体系的。重点关注 APS 企业集聚在某个独立的空间单元对于战略性地方起到了关键作用，而忽视了空间主体之间的关系网络的外部性。在实证研究中，主要采用城市属性数据或 APS 企业的属性数据进行定量研究，或者采用访谈调查结果定性地反映少数城市之间的联系，其研究结果也是呈等级性的。

2. "流空间"与世界城市网络

以卡斯特的"流空间"理论为转折，世界城市研究由早期的等级体系逐渐转向网络化研究。卡斯特（1996）认为流空间被一系列支持主要社会实践的物质基础的图层集合所定义：第一层是社会实践的基础设施支持，包括全球互联网、全球航空网络等；第三层由"技术专家—金融—管理精英"的空间组织构成；第二层是作为节点和枢纽的具有等级化性质的全球城市，它利用基础设施网络来将特殊地方联系起来并行使经济、文化和政治功能。节点是重要的战略性功能发生的地方，枢纽在网络中起协调和交互作用的地方。卡斯特也提出了"全球城市过山车（global urban roller-coaster）"的说法来描述跨国城市之间的联系，认为全球城市进程是一种内在的动态过程（Castells，1996）。

当代世界城市网络学者泰勒（Taylor，2004）提出了"城市间联系是城市的第二性质"的假设，指出了用城市等级体系来反映城市间关系具有误导性，应该以城市之间的联系来反映城市间的关系。在全球化进程中，只有打破行政区空间单元的束缚，运用城市联系数据研究世界范围内城市间联系的特性，才能通过城市节点与其他节点的相互关系来反映城市的功能。在实证研究方面，泰勒创立了连锁网络模型进行城市间关系的探讨和定量评估，提供了量化全球企业关系的可行性方法。世界城市因为集聚了全球领先的跨国公司总部及 APS 企业而成为战略性地方，这些遍布全球的领先企业之间具备跨区域的生产和服务联系，世界城市因此相互锁定形成了世界城市网络。与传统研究基于城市属性数据建立城市等级体系不同，世界城市网络强调以企业联系、生产要素流动来构建世界城市网络。

在世界城市网络视角下，赴港 IPO 的过程涉及了 ABS 企业的极度专业化的高端经济活动，这些 ABS 企业聚集在世界城市。ABS 企业与上市企业之间具有长期的服务关系，ABS 企业之间则为合作关系。由于 ABS 服务是非标准化的隐性信息，需要面对面的交流来减少信息传递过程中的损耗，因此在 IPO 过程中，ABS 专业精英需要频繁往返于世界城市和中国内地城市之间。基于卡斯特的理论假设，在 IPO 过程的服务关系或合作关系中，产生了人流、资金流、信息流，ABS 企业所在的世界城市是流空间网络中的节点和枢纽，在空间上表达为全球范围的城市网络。

3. 全球金融网络中的 ABS 企业的重要作用

境外 IPO 是一种全球融资活动，其中的 ABS 企业的空间集聚区位具备金融行业的特性。虽然服务业企业都呈现出在大城市聚集的特征，但是不同细分行业的服务业企业的聚集的区位和对地理距离的响应具有显著差别（张文中，1999；Illeris，1994）。而世界城市网络研究中没有对不同细分行业的 APS 企业的服务功能进行区分。相对于世界城市网络的理论，全球金融网络的理论框架更加能够反映金融活动的全球空间组织，而且更加集中讨论了 ABS 行业的特征。

2014 年科（Coe）等提出了全球金融网络的理论框架，强调了高级商业服务业、世界城市和离岸辖区对于塑造全球经济格局的关键作用。在全球金融网络中，ABS 企业处于非常中心的位置，是连接离岸金融中心和世界城市、在岸空间的媒介，促进了金融活动的发生，并帮助企业和区域与世界城市和离岸金融中心建立联系。ABS 企业是金融全球化的重要推动力量，它们通过金融市场促成全球的借款者和投资者的投融资行为（Schmukler，2004），在全球金融服务企业的帮助下，金融投资越来越不受到地理的约束（Wray，2012）。

全球金融活动中的 ABS 企业不仅仅集聚在世界城市，也集聚在离岸金融中心。集聚在世界城市可以享受集聚经济和其他社会文化效益。世界城市是全球指挥控制中心，集聚了资本的基本点，反映了全球经济中动态的资本流动。离岸金融中心是全球流与投资网络整体中的重要环节。ABS 企业在跨国公司、富人和政府通过离岸金融中心对外投资的过程中起到了中介的作用（潘峰华和曾贝妮，2019）。

全球金融网络的理论框架强调了全球金融活动中 ABS 企业的重要性及离岸金融中心的意义，更加能够反映金融活动的全球空间组织，更符合本研究的实际情况，但是目前全球金融网络的实证研究还非常少，对本研究在方法上的借鉴意义非常有限。

4. 小结

在全球化、信息化的背景下，新型国际劳动分工不断深化，全球经济中的各种行动者（企业、国家、个体、社会组织等）的组织架构和经济活动呈现出日益网络化的趋势。世界城市研究已由早期的等级体系逐渐转向网络化研究。

世界城市网络理论通过将企业关系刻画成全球城市网络的空间组织，填补了传统服务业地理学研究中缺乏关系视角的空白，避免了早期城市研究中采用城市属性数据衡量城市等级的问题；在世界城市网络理论的基础上，新兴的全球金融网络的理论突出了企业全球空间组织中金融活动的特性。

2.3.2　世界城市网络的实证研究进展

全球化与世界级城市研究（GaWC）小组分别从企业总部—分支的组织架构和城市基础通信设施刻画了世界城市网络，推动了世界城市研究从属性向关系、层级向网络的转变。随后，越来越多的国内外学者基于GaWC 小组的研究，不断地扩展世界城市网络研究的视角、方法、数据，将世界城市网络研究推进到了新的阶段。

1. 企业关系数据不断更新：从总部—分支数据到企业间联系数据

在世界城市网络研究中，城市网络的测量可以分为两类。第一类利用信息、运输、物流等基础设施数据来衡量城市间的联系。例如，许多研究使用航空企业的数据来构建世界城市网络（Smith and Timberlake，2001；Derudder and Witlox，2008；Ma and Timberlake，2008）。第二类采用企业联系来探索城市网络。大量文章采用连锁网络模型（INM）利用跨国企业内部的总部分支机构的组织关系构建世界城市网络（Taylor，2001），这类研究因不能直接反映城市之间的实际要素流动，受到了很多批评。

虽然很多学者强调了采用企业间联系来反映城市间联系的重要性（Coe et al.，2010；Luthi et al.，2010），但由于数据不容易获取，采用反映实际经济活动的企业间联系构建城市联系的研究开始出现。例如，叶等（2015）通过基于企业间业务联系的问卷调查，研究了中国珠江三角洲地区的城市网络，但问卷调查存在样本量小、不确定性强的局限。马海涛和方创琳（2011）基于企业间生产活动的上下游联系构建了城市网络。由于数据不可得性，很少有研究使用企业间的服务联系来研究全球范围的城市网络。

2. 研究视角开始转变：从基于全球统一标准的视角到基于某个特定国家的视角

GaWC 小组采用全球跨国企业构建世界城市网络的研究数据是基于国际标准选择的，不能充分反映一个城市在其国家或区域城市系统中的真实影响。越来越多的学者认为，一个特定国家或地区的城市网络不能简单地看作现有世界城市网络的扩展（Zhao et al.，2015；Pan et al.，2018b）。部分学者开始通过一个特定国家的企业的全球活动来探索城市网络。例如，澳大利亚的能源企业已经形成了一种独特的世界城市网络（Martinus and Tonts，2015）。

中国的城市网络不能被看作世界城市网络的简单延伸，中国城市不是被动纳入世界城市网络（潘峰华等，2019）。学者开始考察在中国经济崛起的背景下，中国金融服务业在境外扩张过程中形成的企业网络如何驱动世界城市网络的演变（Pan et al.，2018c），结果发现，中国的银行分布广泛，形成了不同于发达经济体金融机构形成的独特的城市网络。随着中国整体实力的进一步提升，中国将成为重塑世界城市网络的重要力量，中国城市也将在其中扮演着日益重要的地位。

3. 研究对象不断扩展：从欧美发达国家到发展中国家

早期 GaWC 小组主要关注欧美发达国家的城市，尤其是伦敦和纽约等一线城市的作用（Taylor et al.，2003），以及随时间变化的全球和区域的城市网络的发展（Pereira et al.，2010；Liu et al.，2014）。很多发展中国家的城市在网络中无法得到体现（Robinson，2002）。针对这一缺陷，基于连锁网络模型的后期研究逐渐开启了分板块的研究，研究对象拓展到了发展中国家的城市（Taylor，2012；Mans，2014；Wall，2009）。

随着中国的影响力越来越大，GaWC 小组对中国进行了广泛的研究

（Taylor et al.，2014）。中国城市在世界城市网络中的地位一直在快速攀升（唐子来和李粲，2015）。2008 年以来，上海和北京一直处于领先地位（Derudder et al.，2010，2013），中国企业的国际化已经开始重塑全球经济和世界城市网络。

4. 构建与分析网络的方法开始拓展

目前主要有两种构建城市间联系及网络的方法：以连锁网络为基础的企业网络方法和以流动空间层次模型为基础的基础通信设施网络方法（Derudder，2006）。针对 GaWC 小组原始的连锁网络模型，众多学者提出了改进的方法。比如，Neal（2012）通过改进的中心度计算方法尝试减少连锁网络模型中因企业数量少而城市数量多产生的计算误差（Neal，2012）。也有学者指出可以综合考察城市与企业形成的二模网络，以减少转化一模网络时造成的信息损失（Liu and Derudder，2013）。

大量城市研究学者采用社会网络分析方法来研究城市网络。虽然网络科学领域研究早已开启了网络动力学及演化模型（Albert and Barabasi，2002）、计算机仿真（Madey，2003）等方面的研究，但城市网络研究对网络科学技术的融合并不充分（Ducruet and Beauguitte，2014）。只有少量城市网络研究学者对网络演化进行了深入探讨，如刘行健采用分类相关、层次聚类和冲积图研究 APS 企业形成的城市网络的动态演化（Liu et al.，2014）。除此之外，绝大部分采用 ABS 企业构建城市网络的研究还停留在采用基础的社会网络分析指标进行城市节点度分析的初级阶段。

2.4 服务贸易视角下国际 ABS 服务来源地选择

2.4.1 服务贸易视角下赴港 IPO 中的 ABS 流动

不管是经济学领域，还是地理学领域，对于 IPO 中 ABS 企业布局及影响因素的研究都很有限。如 2.2 节所述，目前服务业地理视角对于 APS 企业区位及空间过程的研究较少考虑企业之间的关系，从而难以研究跨区域的联系，缺少对跨国关系的研究。

虽然世界城市网络视角提供了以企业间联系来衡量城市间联系的方法，然而，目前世界城市网络的机制解释还非常初级，停留在对城市网络的节点度等基础拓扑特征的分析上（如 Taylor，2004；Derrudder et al.，2008），从服务关系的角度探讨服务接受者对 ABS 企业所在地选择的影响因素的研究较少。然而，国际服务贸易理论为赴港 IPO 中 ABS 企业分布的影响因素的研究提供了重要的借鉴视角。

1. 服务贸易定义下的赴港 IPO 中的 ABS 服务

经济学者将服务贸易定义为人或物的流动（Bhagwatti，1984；Sampson and Snape，1985；Grubel，1987），国际服务贸易为跨越了国家界限的流动。从进口国的角度来看，进口的服务称为国际服务外包（International Outsourcing of Service，IOS），即企业将自身非核心业务以商业合作的形式跨国发包给本企业以外的服务提供者的经济活动（Stack and Downing，2005）。

根据学者对于国际服务贸易及国际服务外包的定义，本书的服务消费者是指中国赴港 IPO 的内地企业，服务提供者（生产者）是指 ABS 企业。内地企业将赴港 IPO 中的承销、法律及审计等方面的工作跨国外包给了 ABS 企业。IPO 过程中，来自 ABS 企业的证券、法律、会计等知识密集型专业服务人员需要频繁往返于内地企业、ABS 企业及上市地（香港）之间，因此产生了国际服务贸易的空间流动。

2. 国际服务贸易数据统计困难

国际服务贸易的数据统计困难至少在两个方面极大地限制了经济学领域在宏观尺度对国际服务贸易的研究，而本书采用的数据在一定程度上弥补了目前采用宏观统计数据研究的缺陷。

第一，由于统计困难，现有的服务贸易统计体系无法涵盖所有方式的服务贸易。《服务贸易总协定》（GATS）中规定了国际服务贸易的四种方式：跨境供应、境外消费、商业存在（commercial presence）及自然人流动（natural person flow）。其中，"跨境供应"和"境外消费"是概念界限清晰的服务贸易[①]，而商业存在与自然人流动界定复杂而且统计困难。针对"商业存在"，《国际服务贸易统计手册》（MSITS）提出以国外分支机构或附属机构服务贸易（foreign affiliates trade in services，FATS）的形式进行统计，目前只有少数国家完成了 FATS 统计，而且 FATS 统计范围上仍然存在很多争议。而针对自然人流动，MSITS 并未给出清晰的统计方案。

第二，已有统计数据难以涵盖实际高端商业服务业中的贸易流动。此外，本书的研究包括证券、法律及会计等 ABS 企业的细分服务行业[②]的贸易，目前只有不包括中国在内的少部分国家完成了统计，统计难度较大，因此，已有的细分行业的研究多以发达国家作为研究对象，而对于中国的研究较少。

3. 赴港 IPO 中的 ABS 贸易流动

本书探讨的赴港 IPO 的过程中大量 ABS 企业都是知名跨国企业，将不同的业务功能以分支机构的形式设置在消费者所在国（内地）、主要服务发生地（香港）及其他国家或地区，其专门服务人员也频繁地在 ABS 企业分支机构、消费者所在地及香港交易所之间流动（见图 2-1）。因此，本书研究的服务贸易不仅包含了跨境供应、境外消费，也包含了 FATS 统计定义中的国外分支机构服务贸易及自然人流动等两种统计数据缺乏的贸易形式。

内地企业赴港 IPO 的服务贸易流动中，主要涉及内地企业总部所在国（东道国）、ABS 企业所在国（分支机构与总部）以及重要服务消费地（香港）等空间主体，国际服务贸易形式以 FATS 及自然人流动为主。为符合

---

① 按照《国际服务贸易统计手册》（MSITS）提出的国际统计标准，各国以国际收支表（Balance of Payments，BOP）来将第一种、第二种概念界限清晰的服务贸易方式测量为劳务收支。

② 属于《扩大国际收支服务分类》（EBOPS）中的 9.3.1 细分类别。

《手册》的统计建议①，在本书中，东道国国别归属选择 ABS 企业总部所在国，即直接投资国，而不是参与 IPO 分支机构所在国。

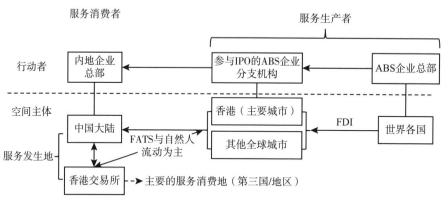

图 2 - 1　赴港 IPO 中的国际服务贸易示意

2.4.2　国际服务贸易理论及实证研究进展

1. 国际服务贸易理论

长期以来，对于国际贸易的理论主要集中在制造业的商品贸易上，而对于包括金融业在内的高级商业服务业的服务贸易的研究，由于国际统计数据的匮乏而进展缓慢。已有学者提出，适用于国际商品贸易的贸易理论仍能够解释金融业等高级商业服务业的国际贸易（Walter，1985，1988）。比较优势理论仍然被用于解释高级商业服务业的国际服务贸易。迪尔多夫（Deardorff，1985）强调了要素禀赋的比较优势对服务贸易有决定性作用。巴格瓦蒂（Bhagwati，1984）指出服务业以技术、人力资本和资本密集型为主。

---

①　由于直接投资者和最终收益所有者可能不一致，国外分支机构的国别归属统计中涉及"所有权链"问题，《手册》提出，对于内向 FATS（服务流入）国别归属的统计有两种方式都可以纳入考虑，在建议以最终受益国为统计基础的同时，鼓励以直接投资国为国别归属统计方式。

莫西仁等（Moshirian et al.，2005）将产业内贸易理论应用到金融服务业贸易的形成机制解释中，他认为是贸易伙伴之间需求结构的差异和要素禀赋差异可以带来产品供给的差异化，进而形成产业内贸易。莫西仁（1994，2008）将国际贸易与国际直接投资的理论进行融合，他认为，金融服务业 FDI 促进了服务贸易竞争力（相同研究结果可参见姚战琪，2006；张雨舟，2015）。此外，服务贸易具有典型的规模经济特征，率先进入国际市场的服务业企业或国家，随着时间的推进，竞争优势将得到保持或提高（崔洁冰，2013）。

总之，比较优势理论及新贸易理论同样适用于高级商业服务业企业国际贸易的研究。对于内地企业赴港 IPO 中的 ABS 企业分布来说，对中国具有高级商业服务业要素禀赋比较优势的国家，更容易对中国出口 ABS 服务，那么为内地企业赴港 IPO 提供服务的 ABS 企业数量越多；与中国在高级商业服务业的产业内要素禀赋差异及国内需求结构差异越大的国家，越容易与中国发生服务贸易，成为中国 ABS 服务的外包承接国。

2. 国际服务贸易实证研究

已有部分地理学者借鉴经济学领域对国际服务贸易的研究，采用国际统一的服务贸易数据研究跨国的服务业贸易，研究重点关注服务贸易进入方式、服务业贸易进出口及其对经济发展的作用等方面，发现发达国家一般是服务贸易的净输出国，且对经济发展有促进作用（Illeris，1996）。然而，由于国际服务贸易统计数据的缺失，地理学者对跨国服务业贸易的研究局限在少数发达国家。

目前，对于国际服务贸易的影响因素的实证研究主要集中在两个方面。

第一方面，一个国家或地区向所有国际市场提供服务贸易的能力或竞争力的研究。影响一国服务贸易出口竞争力的因素包括经济规模、服务业发展水平、服务业对外开放程度、收入水平、货物贸易及服务业利用 FDI 等（殷凤和陈宪，2009；赵景峰和陈策，2006；李杨和蔡春林，2008；王恕立和胡宗彪，2010）。此外，大量研究通过服务业贸易显性比较优势指数（RCA，由某国某产品出口额占该国所有产品出口与世界该产品出口占所有产品出口的份额计算）及贸易竞争指数（TC，某国某产品进出口差额占进出口总额比例）等指标来测量一国的国际服务贸易竞争力（赵冬东，2010），并采用了波特的钻石模型来构建影响国际服务贸易竞争力的指标体系（周超，2011）。

第二方面，采用丁伯根（Tinbergen，1962）提出的贸易引力模型研究双边贸易的影响因素，探讨了地理距离、文化距离、制度距离等因素对双边贸易流量的影响。周念利（2010）利用扩展的引力模型对中国双边服务贸易的决定因素与出口潜力进行识别和测算，发现贸易双方的经济规模、经济发展水平、物理距离和是否使用共同语言均会对中国双边服务出口产生显著影响。服务贸易统计数据非常缺乏，分行业的服务贸易统计数据更是很难获取，因此将引力模型运用于分行业服务贸易的相关研究多是选择服务统计资料相对完善的发达国家作为研究对象。如沃尔什（Walsh，2006）利用 OECD 国家 1999~2001 年跨境服务贸易的分行业数据，利用引力模型探究 OECD 成员间双边旅游、运输、政府服务和其他商业服务贸易的决定方程。

总的来说，目前的研究忽略了从服务关系角度探讨一国对其他国家服务进口区位的选择的影响因素，而且受限于宏观统计数据，忽略了包含商业存在及自然人流动的贸易，而且涉及中国的研究局限于特定的行业，缺乏细分行业的贸易研究。IPO 中 ABS 国际服务可以反映服务贸易中的商业存在和自然人流动。虽然国际贸易的理论研究较多，但由于数据限制，对于证券、法律及审计等 ABS 企业国际服务外包的东道国选择的理论及实证研究都比较缺乏，特别是对中国等发展中国家的研究更少。

2.5 IPO 中上市中介机构选择的影响因素

地理学领域对于内地赴港 IPO 中企业间服务和合作关系的微观机制的

研究较少，经济管理领域主要从企业声誉及政治关联的角度对 IPO 中上市中介机构选择的影响因素进行研究。本书借鉴上市实务中企业相互选择的研究，对内地赴港 IPO 中 ABS 企业与内地企业的服务关系及合作关系的网络格局进行微观机制的解释，填补了世界城市网络研究停留在节点中心度的描述而缺乏对实际经济行为解释的空白。

经济学文献从委托代理理论、信息假说理论和信号传递理论的角度出发，研究了 ABS 企业的声誉机制和政治关联等因素对上市企业选择中介公司的影响。

上市中介机构的声誉是影响 IPO 中内地企业对中介机构选择及中介机构合作伙伴选择的重要因素（Megginson and Weiss，1991）。从声誉的信号传递理论来看，声誉好的上市中介机构可以占有更高的市场份额，索要更高的中介费用，因此声誉是其重要的无形资产。出于对自己未来收益和声誉资本的关注，在上市中介服务中中介机构会考虑发行企业的品质以及其对自身声誉可能产生的影响。高声誉的中介机构为了维护自身的声誉资本，在面对众多发行企业时会挑选高品质的企业。一般情况下，投资者认为声誉高的中介机构和高质量的发行企业相联系，而那些遭受过法律诉讼或者有过许多失败 IPO 发行经历的中介机构，即声誉较差的企业，则经常和风险较大的企业联系在一起。

实证研究发现，ABS 企业声誉影响了拟上市企业与作为上市中介机构的 ABS 企业之间的服务关系。选择高声誉的承销商的企业，可以降低低价股 IPO 的失败率（Carpentier C.，Suret J. M. 2011），并且 IPO 抑价率更低（Carter R.，Manaster S.，1990）。出于对自身声誉的保护，高声誉的承销商倾向于选择低风险的 IPO 项目（Beatty and Ritter，1986）。在会计所的选择上，经过高声誉事务所提供高质量审计服务后的拟上市企业，能够在证券发行市场上得到更高的认同度（Carpenter and Strawser，1971），IPO 抑价更低（Balvers et al.，1988；Beatty，1989）。如果拟上市企业特别风险因素越高，那么它将更倾向于选择高质量会计所（Firth and Tan，1998）。文献中对于承销商与会计所声誉机制的研究较多，对于律所声誉机制的研究较少。但总体上来说，拟上市企业更倾向于选择高声誉的中介机构。

同样地，实证研究发现，ABS 企业声誉影响了 IPO 中 ABS 企业之间的合作关系。高声誉的券商在承接业务时更倾向于与大规模的会计师事务所进行合作，并且由大规模会计所提供审计报告的 IPO 企业得到的市场回报也显著较高（Balvers et al.，1988），而且，出于对自身声誉的保护，高声誉的承销商往往会鼓励拟 IPO 企业选择高质量的审计师（Beatty and Ritter，1986）。

2.6　小　　结

空间视角对内地企业赴港 IPO 的研究非常薄弱，已有研究只关注上市企业空间分布，而忽视了 IPO 中 ABS 企业分布及企业关系的研究。

对内地企业赴港 IPO 经济行为的研究具有跨学科、多视角的属性，IPO 实务、世界城市网络、全球金融网络、国际服务贸易等研究领域成熟的方法和理论对空间视角的研究具有非常重要的借鉴意义（见图 2 - 2）。

服务业地理学探讨了 APS 企业集聚的本地因素的外部性。这些研究仍有一定的局限性：首先，受限于数据可得性，样本全面的行业统计数据是只涉及 APS 企业地址的本地属性数据，无法反映出服务供应商与客户之间的关系及服务的流量，只有少量经济学领域文献通过问卷和访谈搜集了企业之间服务关系的数据进行定性研究。其次，在研究的空间尺度上，由于难以获取真实而完整地反映服务关系的数据，大部分文献研究的服务范围局限在城市、大都市圈内部或国家内部，而不包含跨区域的研究，特别是跨国的服务关系研究。最后，在理论上，APS 企业的本地数据只能用以解释与集聚经济有关的本地因素，而难以解释跨区域联系及城市网络的声誉溢出等与关系网络外部性有关的因素。

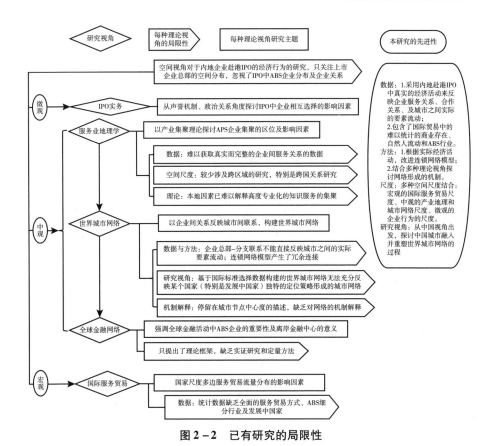

图 2 - 2　已有研究的局限性

　　针对已有服务业地理学研究中缺乏关系视角及国际尺度的局限性，本书借鉴了世界城市网络的理论和方法，将赴港 IPO 中内地企业与 ABS 企业的企业间关系的空间组织形式表述为世界城市网络。但世界城市网络研究同样存在一定的局限性：在数据和方法上，企业总部—分支联系不能直接反映城市之间的实际要素流动，而且连锁网络模型产生了冗余连接；在研究视角上，基于国际标准数据构建的世界城市网络无法充分反映某个国家（特别是发展中国家）独特的定位策略形成的城市网络；此外，已有研究停留在城市节点中心度的描述上，而缺乏对网络的机制解释。

　　针对世界城市网络的局限性，首先，本书采用内地企业赴港 IPO 中企业间联系反映了实际的经济联系，并通过实际经济事件对连锁网络模型进行了改进；其次，本书从中国视角出发，探索了中国城市和企业通过高端融资活动形成的世界城市网络的格局；最后，本书将新兴的全球金融网络的理论融入解释内地企业赴港 IPO 形成的世界城市网络，更加强调全球金融活动中 ABS 企业的重要性及离岸金融中心的意义，更加符合实际经济活动的情况。

在赴港 IPO 中企业间关系形成的网络结构的机制解释上，首先，本书借鉴国际服务贸易的视角，从国家尺度探讨赴港 IPO 中 ABS 服务来源地选择的机制，包含了国际服务贸易统计数据缺乏的服务贸易方式、细分行业及发展中国家的数据；其次，本研究借鉴经济学领域中 IPO 实务的理论及社会网络分析的理论，从企业行为的微观视角，对内地企业赴港 IPO 中企业间关系进行解释。

综上所述，内地企业赴港 IPO 中 ABS 服务及合作关系的空间分布研究是一个非常新的研究主题，具有跨学科、多视角的特点，体现了经济地理学的综合性。在综合多视角的方法理论进行空间问题的探讨过程中，既拓展了经济地理学的研究内容，也突破了其他学科的部分研究瓶颈。

第3章 网络构建方法与分析指标

3.1 由企业间服务关系构建城市网络的方法

在每次 IPO 中，由多个来自不同城市的不同细分行业的 ABS 企业为一家拟上市企业提供服务。假设在某次 IPO 中，内地企业 i 与为其提供服务的每一个 ABS 企业（共 n 个，从 i_1 到 i_n）之间都建立了有向联系，如图 3-1 所示，将任何一个 ABS 企业与内地企业之间形成的联系的服务值都设为 1。

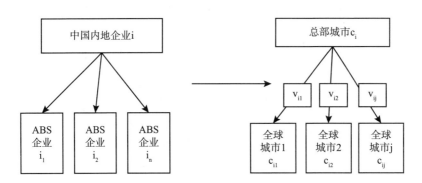

图 3-1 将企业间服务关系转换为城市网络的示意

注：箭头由服务接受者指向服务提供者。

内地赴港 IPO 企业总部城市与全球城市之间的城市间联系由内地企业

与 ABS 企业之间的服务关系转化得到。在每次 IPO 中，在内地赴港 IPO 企业总部所在城市 c_i 与每一个 ABS 企业的所在地之间都建立一个有向联系，同一个 IPO 中可能出现来自同一个城市 c_{ij} 的不同几个 ABS 企业。总部城市 c_i 与服务城市 c_{ij} 之间的联系值 v_{ij} 为该服务城市的所有 ABS 企业提供服务的总频次。

在城市网络中，内地赴港 IPO 企业总部城市 c_i 与服务城市 c_{ij} 之间总联系值为该服务城市的所有 ABS 企业在所有 IPO 中提供服务的总频次。将内地赴港 IPO 企业集合记作 E，总部所在城市集合记作 G，将 ABS 企业集合记作 F，所在城市集合记作 H。城市 j 的联系值为与该城市相连的所有联系值的总和，公式为 $V_j = \sum\limits_{j} v_{ij}$，$i \in E$，$j \in (G \cup H)$。

3.2　构建企业间合作网络的方法

假设在同一 IPO 事件中的所有 ABS 企业之间两两建立联系。如图 3-2 所示，对于某上市企业 k，有 m 家 ABS 企业 j 参与了 IPO 项目，每两个 ABS 企业之间构建一个连接，则一共构建了 $m \times (m-1)$ 条边。

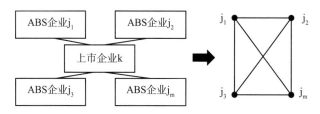

图 3-2　ABS 企业合作网络构建方法示意

构建 929×731 "ABS 企业 j—上市企业 k" 服务关系矩阵 V_{jk}，在企业服务网络中，ABS 企业 j_n 为上市企业 k_m 提供了服务，服务值 v_{nm} 设为该 ABS 企业为相应上市企业提供服务的频次。利用服务关系矩阵 "ABS 企业—上市企业"的 V_{jk} 与其转置相乘，得到 929×929"ABS 企业—上市企业"合作关系矩阵 V_J。公式如下：

$$V_J = V_{jk} \times V_{jk}^T \tag{3.1}$$

在合作矩阵 V_J 中，定义两家企业 j_n 和 j_a 之间的企业间联系值（IFC_{n-a}）为：

$$IFC_{n-a} = \sum_{m=1}^{731} v_{nm} \times v_{am} (a \neq n) \tag{3.2}$$

定义一个企业 j_n 在网络中总联系值（C_{jn}）为：

$$C_{jn} = \sum_{a=1}^{929} IFC_{n-a} \tag{3.3}$$

将合作矩阵 V_J 导入社会网络分析软件 UCINET 和 Gephi 中，软件计算得到的加权程度中心性值等于式（3.3）中的总联系值 C_{jn}，软件计算得到的边权值等于式（3.2）中的企业间联系值 IFC_{n-a}。

在研究网络变化时，在 1999～2002 年、2003～2007 年、2008～2012 年、2013～2017 年四个时间段分别构建 929×929 的 ABS 企业合作网络。当两个企业都参与到一个 IPO 事件中时，它们就建立了联系。

3.3　由企业间合作关系构建城市网络的方法

采用连锁网络模型将企业关系转化为城市关系。首先，建立 81×731 服务矩阵 V_{ck}，表示 ABS 企业所在的 81 个城市与 731 家上市企业之间的关系。对于一个上市企业 k_m，在某个城市中存在一个 ABS 企业 j_n 提供服务值 v_{nm}，服务值 v_{nm} 为该城市的该 ABS 企业提供服务的频次。将服务矩阵 V_{ck} 转置并乘以该矩阵，构造 81×81 的"城市—城市"合作网络矩阵 V_c。公式如下：

$$V_c = V_{ck} \times V_{ck}^T \tag{3.4}$$

两个城市 c_n 和 c_a 之间的联系值（ICC_{n-a}）被定义为：

$$ICC_{n-a} = \sum_{m=1}^{736} v_{nm} \times v_{am} (a \neq n) \tag{3.5}$$

如果 $a = n$，则 ICC_{n-a} 意味着城市本地合作联系值，在拓扑图中被表达为自环。

定义一个城市 c_n 在网络中总联系值（C_{c_n}）为：

$$C_{c_n} = \sum_{a=1}^{81} ICC_{n-a} \tag{3.6}$$

将合作矩阵 V_c 代入社会网络分析软件 UCINET 和 Gephi 中，软件计算得到的加权程度中心性值等于总联系值 C_{c_n}，软件计算得到的边权值城市间联系值 ICC_{n-a}。

后续章节为考察城市网络动态变化特征，以 IPO 时间为参照分了五个时段（1999～2002 年，2003～2006 年，2007～2010 年，2011～2014 年，2015～2017 年）分别构建城市网络。

3.4　构建二模网络的方法

本书的数据集包括两种类型的节点：城市与企业。其中，企业包括两类，分别为上市企业与 ABS 企业；城市对应的也分为总部城市与全球城市。这四种数据集可以延伸出六种关系（见图 3 - 3）。六种不同关系所构建的网络具有不同的内涵。但绝大部分以企业联系构建城市网络的研究，只考虑由企业关系（②）构建的城市关系（①），这样由一种类型的数据构建的网络称为一模网络。一模网络丢失了很多节点的属性，因此城市网络的数据分析能得到的结果十分有限，是目前城市网络研究的弱点之一。有鉴于此，本书通过构建不同属性驱动的二模网络来充分反映数据集之间除图 3 - 3 中①和②两种关系的其他关系。在二模网络中，所有的联系值都设置为 1，一个城市或企业的联系值是与之相连的节点联系的总和。

一模企业网络或城市网络都是由企业之间的关系（②）构建的城市之

间关系（①）的网络，这种网络忽略了企业作为网络中重要行动者的属性特征。因此第 6 章通过研究图 3 – 3 所示的第四种关系（④），分析了哪些全球城市聚集着何种 ABS 企业。通过研究第五种关系（⑤），加入上市企业的属性，分析不同属性的上市企业凸显了网络中哪些城市的作用。

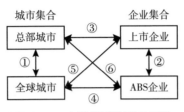

图 3 – 3 六种类型的联系示意

3.5 网络分析指标

3.5.1 小世界特征

小世界被认为是现实世界网络的一个普遍特征。然而，城市网络研究领域对网络科学技术的融合并不充分（Ducruet and Beauguitte，2014），尤其是在网络科学的一个重点领域：小世界网络（small world networks）（Rozenblat and Melançon，2013）。近年来，城市学者开始强调小世界网络对城市研究的重要性（Neal，2018）。

小世界网络是介于规则网络和随机网络之间的一种拓扑图。在这种图中，大多数节点并不直接相邻，但是可以通过几个步骤从任何其他点到达。小世界特征可以通过聚类系数和特征路径长度来测量。可以通过三个指标来判断网络是否具有小世界特征：第一，聚类系数（C）大于随机网络聚类系数（Cr）；第二，平均路径长度（L）大于随机网络平均路径长度（Lr）（Kogut and Walker，2001）；第三，小世界商（Q）大于 1（Kogut and Walker，2001；Davis et al.，2003；Uzzi and Spiro，2005）。

聚类系数用于描述网络的聚集情况。如果网络中的一个节点 i 有 m_i 个相邻节点，则节点 i 的聚类系数指的是实际上现有 m_i 邻接点与可能拥有的最大邻接节点的比值。网络的聚类系数是网络中所有节点聚类系数的平均值。特征路径长度是指网络的平均路径长度，是网络中所有节点对之间最短路径长度的平均值。小世界商被定义为（C/Cr)/(L/Lr)（Neal，2018）。

具有小世界特征的网络可能在基础设施、社会关系和经济发展等几个城市发展的不同领域具有实际优势（Rozenblat and Melancon，2013）。当一个社会网络具有小世界特征时，意味着社群和小集团的存在，会产生紧密集群。无论从企业层面还是从城市层面来看，此种结构的网络都具有显著经济优势。企业网络中的集群会带来企业合作和集聚，城市网络中的集群则有助于区域协同发展。

3.5.2 度中心性

用度中心性来衡量节点的重要性是基于这样一种观点：与他人直接关系密切的个人将比其他人获得更多的信息（Leavitt，1951），拥有更大的权力（Coleman et al.，1957），并具有更大的影响力（Friedkin，1994）。因此，度中心性经常被用来评估网络中的企业或城市自身获取外部知识的能力，以及它在网络中的权力和对其他人的影响。

（1）总联系值。

在网络科学研究中，度中心性是网络分析中描述节点中心性最直接的测度。节点的中心性越大，节点在网络中的地位就越重要。有两类城市网络文献采用不同的方法衡量网络节点的重要性。第一，直接采用网络科学图论中的中心性测度，包括度中心性、中介中心性、亲密中心性等（Liu et al.，2014）。第二，将节点的重要性重新定义为世界城市网络环环相扣的联系值或连通性（connectivity），而不是直接采用中心性指标（Derrudder et al.，2014；Taylor et al.，2004）。但在公式和计算方面，度中心性和联系值是相等的，可以认为是同义词。本书定义的联系值，实际上等同于网络科学中度中心性的计算方法。在无向图中，节点的度中心性是指节点与其他所有节点直接相关的总联系值。对于具有边权二值化的未加权网络图，节点的度中心性等于与其直接相连的其他节点的总数。本书建立的无向加权网络计算企业和城市的度中心性，分别表示为 C_{jn} 和 C_{c_n}。

（2）入度——ABS 服务中心城市与 ABS 服务来源国家。

在本书构建的服务网络中，度中心性可以分解为出度与入度。入度（V_{j-in}）即一个城市提供的服务值。入度越大表示城市在城市网络中的服务中心的等级越高。公式如下：

$$V_{j-in} = \sum_i v_{ij} \qquad (3.7)$$

需要说明的是，在第 6 章研究服务网络形成的影响因素时，受限于国外城市的统计数据的缺乏，无法研究城市网络的影响因素，进而以 ABS 服务来源国的服务频次为被解释变量，从国际服务贸易的角度研究中国进口 ABS 服务来源国的影响因素。这种情况下，某国 ABS 服务频次等于采用国家为节点构建服务网络中的入度中心性。

（3）出度——控制指挥中心城市。

在本书构建的服务网络中，出度（V_{j-out}）即内地企业指向 ABS 企业，或一个城市接受的服务值，出度越大表示城市在城市网络中作为控制中心的等级越高。公式如下：

$$V_{j-out} = V_j - V_{j-in} = \sum_i v_{ij} \qquad (3.8)$$

（4）本地服务与非本地服务值。

$V_{j-local}$ 代表城市 j 的本地的服务值，在拓扑图上反映为节点的自连接。非本地服务值 $V_{j-nonlocal}$ 代表城市 j 对异地的服务值。非本地服务价值越大，则说明该城市提供高端服务的能力越高，也代表该城市具有更高的基本功能。公式如下：

$$V_{j-local} = \sum_i v_{ij} \qquad (3.9)$$

$$V_{j-nonlocal} = \sum_i v_{ij} = V_{j-in} - V_{j-local} \tag{3.10}$$

3.5.3 中介中心性

中介中心性以通过节点的最短路径数来表示节点的重要性。它是指一个节点作为其他两个节点之间最短桥梁的次数。节点充当中介的次数越多，中介的中心性就越高。

3.5.4 亲近中心性

亲近中心性在社交网络拓扑图中每个节点获取信息和向其他人传递信息的能力，很大程度上由它和网络中其余节点的距离决定。亲近中心性越高意味着这些节点满足与其他节点之间有最小的平均最短路径。

第4章　赴港 IPO 内地企业与 ABS 企业的空间分布特征

4.1　引　　言

随着中国资本市场对外开放程度的持续加深，越来越多的内地企业通过境外上市融入全球资本市场，香港是内地企业境外上市的首选市场（Pan and Brooker，2014）。境外上市解决了企业发展的融资困境，促进了企业治理，提升了企业声誉；对区域发展来说，境外上市带动了地方经济的发展，上市企业总部的数量代表着内地城市的竞争力水平（宁越敏和唐礼智，2001；潘峰华和杨博飞，2018）。

集聚是上市企业总部与 ABS 企业空间分布的基本特征。上市企业数量是区域经济实力和竞争力的体现，上市企业总部在内地城市的集聚体现了世界城市的控制和支配中心功能。同时，境外 IPO 上市是对 ABS 企业要求专业度极高的高端商业活动（Pan and Brooker，2014；Wojcik and Burger，2010），证券、法律、会计等金融服务企业的空间集聚是全球城市的金融中心及金融服务功能的体现（Sassen，1991）。已有大量研究从企业总部和分支的角度对 APS 企业的空间分布进行了基础研究，发现国际知名的 APS 企业集聚在香港、伦敦、纽约、新加坡等世界城市以及开曼群岛等离岸金融中心（Derudder and Taylor，2019）。

已有文献缺乏系统地从地理学角度探讨中国赴港 IPO 中企业空间分布

的分析，特别是对 ABS 企业及 ABS 企业与上市企业关系的分析。不同行业、不同所有制属性、不同股票类型的企业分布特征及这些属性的两类行为主体的空间关系等主题都值得深入研究。赴港 IPO 过程研究的空间主体不应该局限在内地企业的总部地址和参与 IPO 的 ABS 企业所在地，内地企业的上市架构影响到了内地企业的注册地，进而影响到为其服务的 ABS 企业中律所的地理位置，而且参与 IPO 中的 ABS 企业所在地并不代表 ABS 企业的总部及所有制属性，因此内地企业境外注册地、ABS 企业总部等空间主体同样有研究价值。

本章基于本书建立的 1999～2017 年内地企业赴港 IPO 事件数据库，分析了不同时间段内地赴港 IPO 企业及 ABS 企业空间分布，并探讨了不同所有制属性、行业类型的两类行为主体的空间分布特征。

4.2 赴港 IPO 内地企业总部的时空分布

4.2.1 总体空间分布

赴港上市的内地企业总部的空间分布十分不均衡，主要分布于东部沿海地区，集中于京津冀地区、长三角以及珠三角地区，而且长三角及珠三角地区比京津冀地区更加稠密；各省赴港上市企业总部数量差距悬殊，由东向西大体上分布越来越少，在人口胡焕庸线两侧形成明显的落差，西藏、青海、宁夏没有分布。

上市企业总部数量与各地经济发展水平、基础设施等因素密切相关。广东省和福建省在上市企业数量上的优势主要是与香港地理距离最近，而且这两省的华侨数量较多，与香港具有文化邻近性。上海明显落后于北京和广东，主要由于地理邻近性的影响，大量上海企业选择在上海证券交易所上市。

4.2.2　分时段的空间分布

在 2000 年以前，每年赴港上市的内地企业数量很少；2000～2007 年，每年上市数量稳定在 25 家以上；2007 年以后，赴港上市企业数量总体呈增长的趋势，但波动起伏较大，峰谷明显（见图 4－1）。2008 年、2012 年及 2017 年为波谷，2010 年及 2015 年为波峰。本书按照 2002 年、2007 年、2012 年和 2017 年四个时间点，将中国内地企业赴港 IPO 事件空间分布的变化大致分为 4 个阶段。

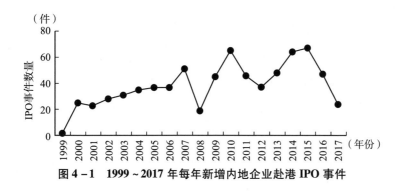

图 4－1　1999～2017 年每年新增内地企业赴港 IPO 事件

1. 初始阶段（1999～2002 年）

1993 年 6 月 19 日，《监管合作备忘录》签订，6 月 29 日，第一家内地企业青岛啤酒在港挂牌上市。这一阶段，中国从计划经济向市场经济转轨，1997 年香港回归、2001 年中国加入 WTO 都是刺激中国经济增长、加深香港与内地经济金融联系的利好事件。因此，赴港 IPO 在 2000 年出现猛增。此后，证监会发布一系列新的政策对民营企业赴香港上市进行严格的监督和管理，其中影响最大的是"无异议函"模式①，在一定程度上制约

---

①　2000 年 6 月，民营企业"裕兴科技"在北京竞天公诚律所的辅导下，未经证监会审批绕道上市香港创业板随后被叫停；随后，中国证监会针对律所发布文件，要求境内投资的境外公司在港上市必须出具证监会审批通过的"无异议函"。

了内地企业赴港上市。

这一阶段，赴港 IPO 的内地企业数量和总部的空间分布范围都较小。主要分布于东部沿海地区，香港最多，其次为北京、上海、广州。香港的上市主体主要有两种：一是总部设立在香港的央企，如招商局集团；二是位于香港的中资民营企业，中资民营企业数量远多于国企。

2. 平稳发展阶段（2003～2007 年）

2003 年之后，"无异议函"模式的取消①、CEPA 的签署②及国家外汇管理局"境内企业可以利用国际资本市场进行各项股权融资活动"的明文规定，取消了民营企业境外上市的审核及管辖，加强了内地和香港之间的经贸联系，进一步推动了内地企业赴港上市。

这一阶段，赴港 IPO 的企业数量和空间分布范围都得到了较大的扩张。拥有上市企业的省份已经覆盖了东部和中部的绝大部分地区。上市企业数量之所以开始全面扩展，一是因为中国进入了高速发展期；二是得益于"西部大开发""中部崛起"战略的实施，中西部地区的基础设施、投资环境初步改善，中西部国有企业响应改革号召，以赴港上市为主要途径推进地方国企混合所有制改革与国际化进程。

3. 波动发展阶段（2008～2012 年）

2008 年国际金融危机爆发，香港证券市场受到冲击，赴港上市企业数量大幅下降。但随后的 2009 年、2010 年出现短暂增长，不仅因为香港证券市场开始复苏，还因为 2008 年 9 月 16 日至 2009 年 7 月 10 日内地证券市场出现 IPO 暂停，内地证券市场与香港证券市场相互竞争、互为补充。内地 IPO 暂停导致内地企业无法在深交所、上交所 IPO 上市，港交所的竞争力因此大大提升。由于欧债危机③、中概股信任危

---

① 2003 年，证监会不再对境内权益的境外公司在境外上市的法律意见书进行审阅及出具"无异议函"。

② 2003 年 6 月，《内地与香港关于建立更紧密经贸关系的安排》在香港签署。

③ 2010 年，始于希腊的债务危机波及整个欧盟，引发欧元下跌、欧洲股市暴跌。

机①、VIE 迷局②等不利影响，随后的 2011 年、2012 年也是负增长。

这一阶段，含有赴港上市企业的省份覆盖范围延伸到了东北地区和内蒙古，中部地区湖北、山西、安徽"塌陷"。香港、北京、广州的上市企业仍然远超上海。

4. 缓慢发展阶段（2013～2017 年）

这一阶段，赴港 IPO 的企业数量和空间分布范围都达到了最大值。2013 年从上一阶段低谷开始反弹，逐年增长，2015 年到达顶峰后，2016 年、2017 年回落。上涨阶段主要是因为国内证券市场在 2012 年11 月 16 日至 2014 年 1 月 17 日的 IPO 暂停。2016 年开始的回落，一方面是英国脱欧议程、美联储议息会议等重大不确定性因素导致全球股市陷入恐慌；另一方面，内地企业赴美上市增多，分摊了赴港上市的份额。

总结以上分析，内地赴港 IPO 企业空间分布的分时段变化具有以下主要特征：内地赴港 IPO 企业分布由东部地区向中西部扩展，从经济发达地区向欠发达地区蔓延。内地赴港 IPO 企业分布与重大国际事件、国家政策、区域经济发展、与证券市场邻近性等因素密切相关。

4.2.3　内地企业细分行业特征

内地企业赴港 IPO 企业以工业工程、地产、纺织服装等细分行业为主，IPO 募资金额以金融行业为最多（见图 4－2）。内地企业赴港 IPO 企业的行业特征反映了内地经济结构和香港证券市场的偏好。按照 Wind 数据库海关（HS）行业标准，将内地企业赴港 IPO 企业分为 31 个行业。上市企业数量排名第一的工业工程类企业主要涉及能源、动力装备等部

---

① 2011 年 6 月至 2012 年初，始于美国证券市场的中概股财务造假引发的信任危机波及香港交易所，导致大量在港上市的中概股遭遇破发。

② 2011 年 8 月，商务部发布了《商务部实施外国投资者并购境内企业安全审查制度的规定》，将 VIE 协议控制纳入监管范围，引发了市场对于"取缔 VIE"的恐慌。

门，以地方国企引领的重工业是内地部分地区的主导行业。排名第二的地产类企业，在 A 股上市面临诸多瓶颈和挑战，而香港的支柱行业是金融、贸易、地产，这类行业更容易在香港证券市场受到认可。排名第三的纺织服装，是内地传统优势产业，香港证券交易所对此类制造业企业的上市条件较为宽松，吸引了大量中小型民营企业。从 IPO 金额来看，银行、其他金融及保险行业是募资金额最多的行业类型。大部分赴港上市的内地金融企业都是地方国企或央企，这些企业声誉稳定，体量巨大。

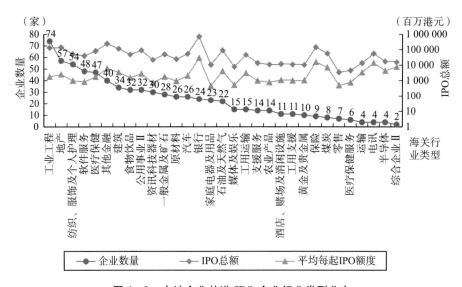

图 4-2　内地企业赴港 IPO 企业行业类型分布

从各省赴港 IPO 中企业数量最多的行业类型来看，各个省份的优势行业与当地的自然地理资源、区位优势具有一致性，比如：以一般金属矿石、煤炭等行业为优势的省份为内蒙古、贵州、山东等；福建省传统民营企业集聚，因此以纺织服饰为优势行业；广东省以地产为优势行业，广东省是领军地产企业总部集聚最多的省份，根据《胡润房地产企业家榜》，大部分上榜企业家都是粤商；北京市高端人才聚集、科研实力强、交通便利，因而以软件服务为优势行业。

4.2.4　内地企业所有制属性特征

由于 1999 年以前的境外上市的政策对国企的管制更加放松，因此赴港 IPO 的内地企业以国企为主（Pan and Brooker，2014）。由于本书的研究数据库只考虑了可获取招股说明书的 IPO 事件，不包含 1999 年以前的 IPO 事件。根据图 4 - 3 所示，在 1999～2017 年，赴港 IPO 的企业都是民营企业占主导。

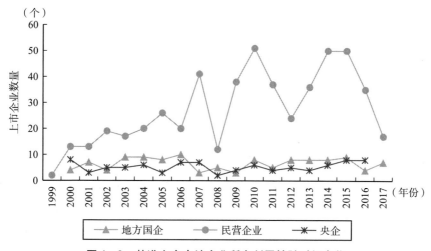

图 4 - 3　赴港上市内地企业所有制属性随时间变化

大部分省份中，民营企业数量占主体地位，部分省份只有民营企业上市，如甘肃、贵州、澳门、山西、江西等地。国企数量过半的地区有北京、湖南、安徽、海南、云南。行政等级越高的城市拥有的上市国企总部数量越多（Pan and Xia，2014）。

4.3 赴港 IPO 内地企业离岸注册地与离岸律所

4.3.1 内地企业上市的红筹架构

内地企业赴港 IPO 的股票类型反映了企业注册地址、公司上市架构等特征。不同所有制属性的企业股票类型不同。根据香港联交所的定义及其市场统计报告，将"内地企业"划分成"红筹股""H 股""中资民营非 H 股"三种。H 股指的是注册在内地企业，红筹股和中资民营非 H 股是注册在境外的企业。H 股和红筹股是国企，中资民营非 H 股是民营企业。

红筹股和中资民营非 H 股的上市流程如下：首先，内地企业在境外注册离岸企业（壳企业），其次利用离岸企业返程并购境内企业的股权或资产，最后以该离岸企业作为上市主体申请香港上市，这种上市模式被称为"红筹模式"，这种企业架构被称为"红筹架构"。公司实际控制人先将拟上市主体注册在开曼群岛，再以开曼群岛的公司的名义在中国境内设立外商独资企业（见图 4-4），最后由外商独资企业和境内企业及其股东签订协议，获得境内企业的控制权和利润分配权。而且，大部分公司在实际控制人和开曼公司中间设置 BVI 公司，通过 BVI 公司控制开曼公司，主要出于方便大股东控制上市公司、绕开禁售期、避税及隐藏股东等目的。

上市实体注册在境外的动机主要有四个方面：一是境外注册企业的 IPO 及再融资过程不需要取得中国证监会、外管局等境内监管机构的批准；二是离岸金融中心适用法律体系为英美法系，更容易被国际投资人接受；三是离岸金融中心税收减免，资本运作成本低；四是上市后股东的套利更方便。

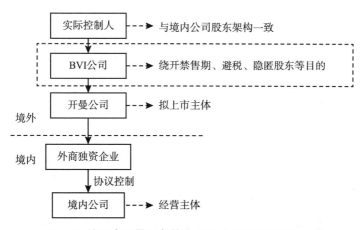

图 4－4　注册在开曼群岛赴港 IPO 企业的红筹架构示意

4.3.2　不同所有制属性内地企业的上市模式

通过表 4－1 可知，超过 70% 的赴港 IPO 企业选择在境外注册。其中，绝大部分民营企业倾向于境外注册，而国企更倾向于在内地注册。

表 4－1　　　　　　　　　不同股票类型的上市企业所有制属性

| 股票类型 | 注册地 | 国企 | | 民营企业（家） | 总计（家） | 比例（%） |
		央企（家）	地方国企（家）			
H 股	内地	52	89	67	208	28.45
红筹股	境外	39	30		69	9.44
中资民营非 H 股	境外			454	454	62.11
总计		91	119	521	731	100.00

由于证监会对于境内企业上市的审批十分严格，国企上市初期也采用"红筹模式"，但国家出于防范内地资本出逃等原因，出台了多项限制及规范境外上市的政策（见表 4－2）。

表 4 – 2   影响上市模式的境外上市政策

政策	影响
1997 年 6 月 20 日《关于进一步加强在境外发行股票和上市管理的通知》，红筹模式需履行审批程序	限制红筹模式
1999 年 7 月 1 日《证券法》，1999 年 7 月 14 日《通知》 直接、间接境外上市均须报中国证监会批准；直接境外上市执行"四五六"标准，对财务状况提出了较为严格的要求	限制 H 股上市 （直接境外上市）
2005 年 1 月、4 月、10 月外管局，限制红筹架构的资本外逃	限制红筹模式
2006 年 8 月，国务院六部委，提倡优质企业境内上市，限制红筹架构的境外上市	限制红筹模式
2008 年商务部《外商投资准入管理指引手册》，关联返程并购只适用于纯内资企业；中外合资经营企业不适用	限制红筹模式
2011 年外管局，《境内居民通过境外特殊目的企业融资及返程投资外汇管理操作流程》	规范与监管红筹模式
2012 年 12 月 20 日，《关于股份有限企业境外发行股票和上市申报文件及审核程序的监管指引》，H 股上市无须遵循"四五六"标准	放开 H 股上市
2015 年 1 月 19 日商务部《投资法》、香港联交所上市决策（HKEx – LD43 – 3），香港联交所对于境内企业采用红筹模式赴港上市的审核态度更趋谨慎	限制红筹模式

从三种股票类型赴港 IPO 逐年增长率与总体样本增长率的偏离程度来看（见图 4 – 5），在 2005 年、2006 年、2008 年、2011 年、2015 年等几个限制红筹模式的文件颁布的时间节点上，红筹股的逐年增长率极大地负向偏离了总体样本的增长率，而且远远高于中资民营非 H 股对于总体样本的偏离。这也说明了国企对于国家金融政策比的响应民营企业更加剧烈，而 2012 年放开 H 股上市的政策下发后，H 股增长率显著提高。

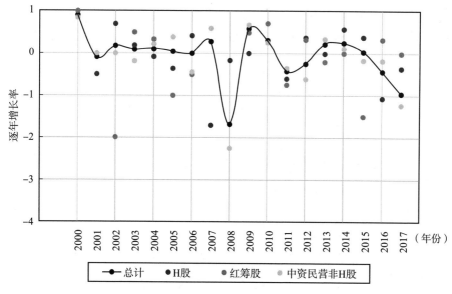

图 4 – 5　不同股票类型赴港 IPO 逐年增长率

4.3.3　离岸注册地与离岸律所

超过 70% 的采用红筹模式的内地企业都将注册地址设置在开曼群岛，其次为百慕大、香港，在新加坡、英属维尔京群岛、泽西岛及温哥华有少量分布。这些地区都是著名的离岸金融中心，其中，百慕大与开曼群岛、英属维尔京群岛并称为加勒比海地区的三地离岸"避税天堂"。

相对比香港，将企业注册在加勒比海群岛更加具有优势，主要有四个原因：第一，企业税务税率更低。香港对源自香港的利润进行征税，而群岛对于来自除群岛外全球的利润都无须征税。第二，群岛没有外汇管制，任何货币出入自由。第三，企业无年审年检的规定。位于香港注册的企业每年都需要进行年审，而群岛的企业只需缴纳牌照费。第四，企业资料保密性问题。香港企业资料对外公开，而开曼群岛、百慕大的企业无须披露企业信息，政府对企业的信息掌握很少。

对比百慕大与开曼群岛，赴港上市企业更倾向将公司注册在开曼群岛，是因为当地的公司设立批准与程序更便利、公司大纲及股东信息更隐匿；而赴美上市企业更倾向于注册在百慕大，日后可以更方便地在美国、卢森堡及温哥华等地上市。

红筹上市的企业必须聘请来自境外注册实体的律所作为法律顾问。因此，离岸律所所在地必然包含了内地企业离岸注册地所在城市，主要分布于开曼群岛、百慕大、新加坡以及香港地区等离岸金融中心。此外，所有离岸注册的企业都要聘请来自香港的律所。内地赴港上市企业境外注册地与离岸律所所在地如表 4－3 所示。

表 4－3　　　　内地赴港上市企业境外注册地与离岸律所所在地

离岸注册地	红筹股（家）	中资民营非 H 股（家）	总计（家）	离岸律所所在地
开曼群岛	38	399	437	开曼群岛、香港地区
百慕大	9	39	48	开曼群岛、百慕大、香港地区
香港	20	7	27	香港地区
新加坡	1	4	5	新加坡、香港地区
英属维尔京群岛	0	4	4	BVI、香港地区
泽西岛（英）	0	1	1	泽西岛、香港地区
温哥华	1	0	1	温哥华、香港地区
总计	69	454	563	

综合以上分析，境外注册的内地企业与相应的律所呈现以下特征。

（1）由于证监会对红筹股上市的监管更宽松、上市费用更低、上市后再融资能力更强、现有股东的套现更便利，大部分内地企业倾向于以离岸实体企业的名义在境外"红筹"上市。

（2）民营企业倾向于境外注册，而由于国家政策限制，国企更倾向于在内地注册。

（3）由于税率、外汇管制、年检、保密性、未来交叉上市可能性等因素，采用"红筹模式"的内地企业主要将注册地址设置在开曼群岛，其次为百慕大、香港。

（4）离岸律所所在地必然包含了内地企业离岸注册地所在城市，主要分布于开曼群岛、百慕大、新加坡以及香港地区等离岸金融中心。

4.4　参与 IPO 的 ABS 企业分支机构时空分布

4.4.1　总体空间分布

为上市企业提供服务的 ABS 企业分布在 39 个国家及地区的 81 个城市。ABS 企业数量分布极不均匀，主要集中于中国东部沿海地区、美国东部和西北沿海地区，以及东南亚沿海、欧洲和大洋洲沿海地区。中国内地分布最多，其次为美国、英国、澳大利亚、新加坡等亚太国家。最后为西亚、中亚、非洲的国家。城市中 ABS 企业数量差距悬殊，最多为香港，大部分城市的 ABS 企业数量小于 3 个。

ABS 企业数量与经济发展水平、与内地和香港交易所的地理邻近性息息相关。此外，开曼群岛、英属维尔京群岛等离岸金融中心由于金融制度越宽松，拥有的 ABS 企业数量相对更多。此外，国内 ABS 企业的分布与上市企业的分布一致性较高。

4.4.2　分时段的空间分布

初始阶段（1999～2002 年），ABS 企业的分布范围和数量都较小，只分布于香港、北京、上海、广州、芝加哥、纽约、开曼群岛。香港是内地企业赴港 IPO 初期最主要的服务来源地。大部分为内地企业服务的证券企业是香港的老牌港资券商，如倍利证券（香港）有限企业、大福融资有限企业。国外 ABS 企业主要是律师事务所，位于芝加哥的是一家美国本土律所"McDermott Will & Emery"。赴港 IPO 实体必须聘请本企业主要上市实体所在地的律所，因此 ABS 企业中为拟上市企业提供服务的律所布局也反映了内地企业对外直接投资的分布。

初步扩张阶段（2003~2007 年），ABS 企业的分布范围和数量得到了初步的扩张。加拿大、英国、瑞士、新加坡、意大利等北美、西欧以及东南亚国家新加入为内地企业提供服务的行列。伦敦和香港分别是国外范围和国内范围中 ABS 企业数量最多的城市。上海和广州的数量超过了北京。京津冀、长三角、珠三角内首次出现了除北京、上海、广州外的其他城市。

进一步扩展阶段（2008~2012 年），ABS 企业的分布范围和数量进一步扩张。俄罗斯、哈萨克斯坦、印度、巴基斯坦、越南、泰国等与中国邻近的国家，加蓬、赞比亚等非洲国家，以及南美国家厄瓜多尔分别有单个城市首次出现为内地企业提供服务的 ABS 企业。伦敦和香港依然分别是国外范围和国内范围中 ABS 企业数量最多的城市。其间，北京的 ABS 企业数量开始反超上海、广州，回到内地第一的位置。

全面覆盖阶段（2013~2017 年），ABS 企业的数量达到最大值。亚太地区覆盖范围最广，伊朗、埃及等中东地区及墨西哥等中美洲地区首次出现了 ABS 企业的分布，而南美和非洲的分布比上一阶段减少。伦敦和香港依然分别是国外范围和国内范围中 ABS 企业数量最多的城市，北京稳定保持在内地第一的位置。

综合以上分析，ABS 企业空间布局的分时段变化特征为：ABS 企业从美国、开曼群岛开始发展，逐步扩展至西欧、东南亚、大洋洲，接着是南亚中亚、非洲、南美洲，最后是中东地区。其中，非洲与南美洲的分布不稳定；ABS 企业的分布变化一定程度上反映了内地赴港 IPO 企业的对外直接投资变化，与所在国经济金融发展水平、国内政治环境以及与内地及香港交易所的邻近性有关。

4.4.3　ABS 企业细分行业特征

为内地赴港 IPO 提供服务的 ABS 企业中，从数量上看，证券企业数量最多，其次为法律企业，会计所最少。主要原因是港交所对于不同行业的 ABS 企业的规定不同。根据港交所《上市规则》中参与各方的职责分工，拟上市企业需要聘请多家证券企业承担保荐人、承销商、协调人、经办人等角色，一次 IPO 需要的证券企业总数较多，一些大型的拟上市企业甚至会请十几家证券企业进行承销。上市企业赴港发行需要聘请两类法律顾问，包括为发行人提供法律服务的"本公司法律顾问"与为承销商提供法律服务的"承销商法律顾问"。此外，如发行人在国内有业务，则需聘请一家国内律所。如果发行人在境外有注册实体，则需聘请来自注册地的境外律所。根据此规则，每次 IPO 至少要聘请两个律所，而且拟上市实体国际化程度越高，需要聘请的律所就越多。而按照《上市规则》，每次 IPO 只需要至少聘请一家位于香港的会计所。

从分布范围来看，律所分布的国家和城市最广，证券企业其次，会计所分布范围最小。为接近服务对象，律所在内地的分布与内地企业的总部分布具有一致性，在境外的分布则体现了内地企业的境外分支布局。虽然，参与内地企业赴港 IPO 的会计所和证券企业均集中分布于欧洲、美国、澳大利亚及中国的少部分城市，特别是集聚在香港，但这并不代表这些 ABS 企业是香港本土或总部设在香港的企业，实际上这些 ABS 企业是总部来自全球各地的跨国金融企业在香港设置的分支机构。

从市场集中度来看，审计行业的市场集中度最高，普华永道、德勤、毕马威、安永等四大国际知名会计所的市场占有率和集中度最高，它们的总部来自不同的全球金融中心，但均在香港设置了分支机构；而律所的市场份额最为均衡；证券企业的市场集中度介于两者之间，早期为内地企业提供服务的证券企业多是高盛、美林等高声誉的外资券商，行业集中度高，而随着中国经济发展及金融业境外扩张，越来越多的中资券商开始为内地企业赴港 IPO 提供服务。

4.4.4 ABS 企业所有制属性特征

为内地企业提供服务的 ABS 企业大部分是外资企业，其次为港资企业、中资企业，台资与澳资占比较少（见图 4-6）。外资企业中，美国数量最多，其次为英国、德国等西欧国家，新加坡、日本等亚太国家，及百慕大、开曼群岛等离岸金融中心。

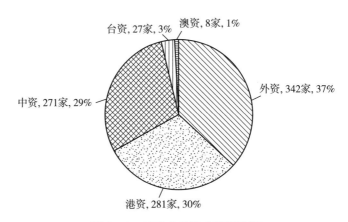

图 4-6 ABS 企业资金背景比例

注：ABS 企业所有制属性，先由清科数据库和 ABS 企业官方网站确定，如果两种途径都无法查询到该 ABS 企业的所有制属性，则以 ABS 企业全球总集团的资金背景代替。合资企业以实际控制人的资金背景为主，若无法查询到实际控制人，则以全球总集团的资金背景代替。

从时间变化来看，可以发现：第一，在会计所中，外资背景的企业一直以来都占据了超过 80% 的绝大部分市场，而港资与中资市场份额极低。第二，在律所中，外资企业占比最多，长期稳定地超过 40%，在初期与港资背景企业占据主要市场；中期，港资企业比例急剧下降，而中资背景企业比例逐年上升，直到 2017 年，中资企业已达到 40%。第三，证券企业中，港资、外资、中资企业交替占领市场。1999 年，港资企业市场份额超过 60%，但逐年降低，外资与中资企业市场份额则逐渐上升；2006 年开始，港资、中资、外资市场份额已相对均衡；随后，港资比例持续下降，外资、中资持续上升，且外资份额成为市场第一并在 2008 年达到最大值，而后开始下降；2012 年后，中资比例首次超越外资，并持续上升至 2017年的 60%。总之，中资律所和券商随时间变化，市场份额越来越大，如图 4-7 所示。

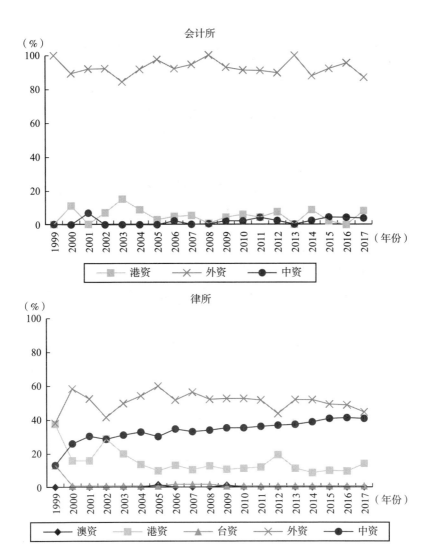

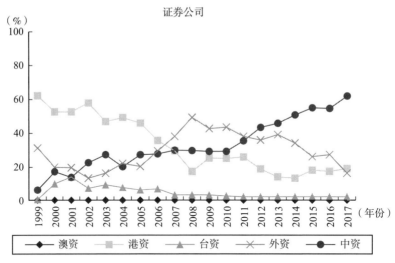

图 4 - 7　不同时段 ABS 企业资金背景比例变化

注：所有 IPO 中不同资金背景 ABS 企业出现频次占当年服务频次总量的比例。

4.5　ABS 企业全球总部与参与 IPO 的分支机构的关系

　　本书根据招股说明书中参与发行的各方对于 ABS 企业名称及地址的描述确定了参与 IPO 的 ABS 企业所在城市，大部分都位于香港。然而在实际 IPO 中，ABS 企业的专业人员往往需要在全球总部及办事处所在城市之间往返，两地因此产生了紧密联系。Wójcik 和 Camilleri（2015）访谈了为中国移动赴港 IPO 提供服务的上市中介发现，虽然为该起 IPO 负责的上市中介是各国际 ABS 企业设立在香港的办事处，但实际 IPO 中，参与该交易的银行家及专业人员是从 ABS 企业总部所在地纽约（高盛总部）和伦敦（年利达总部）通过航空客运到达香港。

4.5.1　证券企业

　　大部分参与 IPO 的证券企业分支机构所在城市不同于总部所在城市。

　　中国的证券企业总部多位于香港、北京、上海、台北、深圳等一线沿海城市，以及武汉、成都等省会城市。除了 4 家中国企业分支机构位于北京以外，其余的中国企业都在香港设立了分支机构（见图 4 - 8）。

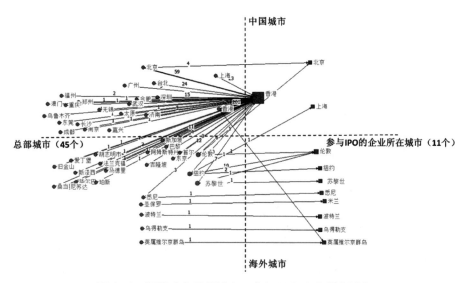

图 4 - 8   证券企业总部城市—参与 IPO 企业所在城市

　　注：圆点代表企业总部，方块代表实际参与 IPO 的企业所在城市。参与到 IPO 中的企业地址，摘录自招股说明书。总部城市由企业名称根据企业官网查得，总部包括全球总部与区域总部，ABS企业的总部指的是全球总部。线上的数字代表企业数量。

　　海外的证券企业总部城市最多位于伦敦、纽约、东京、新加坡等一线国际金融中心，以及悉尼、吉隆坡、胡志明市等亚太金融中心、政治中心。总部位于苏黎世、悉尼、波特兰、乌得勒支等地的证券企业，与其参与 IPO 的企业所在城市保持一致，除此之外的其他证券企业均在香港、北京、上海、伦敦、纽约及英属维尔京群岛等地设立分支机构。

　　保荐人是最重要的证券企业，每个 IPO 事件只能有一个保荐人，由表 4 - 4 可知，参与内地企业赴港 IPO 中排名前列的保荐人包括总部位于纽约、巴黎、苏黎世等国际金融中心的老牌国际性投行，及总部位于北京、上海的国资背景的新兴投行。国内投行中，总部位于北京的企业有四家，总部位于上海的企业有一家，其中，中银国际、建银国际分别是中国银行和建设银行的全资投行子企业，国泰君安、光大、中金均是由中央汇金控股的国资背景的投行。

表 4 - 4　　　参与内地企业赴港 IPO 数量排名前十保荐人分布

排序	公司名称	总部城市	参与 IPO 的办事处所在地	参与 IPO 数量（个）	IPO 金额（百万港元）
1	摩根士丹利亚洲有限公司	纽约	香港	39	330 628.00
2	国泰君安融资有限公司	上海	香港	32	27 994.02
3	中银国际亚洲有限公司	北京	香港	28	321 418.50
4	高盛（亚洲）有限责任公司	纽约	香港	25	406 126.6
5	法国巴黎资本（亚太）有限公司	巴黎	香港	22	25 849.80
5	建银国际金融有限公司	北京	香港	22	63 226.96
7	花旗环球金融亚洲有限公司	纽约	香港	19	44 536.46
8	中国光大融资有限公司	北京	香港	18	18 116.41
9	瑞士信贷（香港）有限公司	苏黎世	香港	17	108 491.30
10	瑞士银行香港分行	苏黎世	香港	16	203 219.80
10	中国国际金融香港证券有限公司	北京	香港	16	219 400.30

4.5.2　法律企业

港交所的 IPO 中，律所包括本公司法律顾问和承销商法律顾问。本公司法律顾问共 442 个，承销商法律顾问共 188 个。其中，146 个律师事务所（以下简称律所）既在某些 IPO 中担任本公司法律顾问，又在其他 IPO 中担任承销商法律顾问。

1. 本公司法律顾问

在本公司法律顾问中，大部分参与 IPO 的分支机构与总部所在地一致。

　　中国律所的总部集中分布于北京、香港、上海、广州、深圳等一线城市，且北京具有绝对的优势。同时，总部位于这五个城市的律所纷纷在另外四个城市设立分支机构，形成了紧密的网络，但这个五个城市还是与自身的联系占比最大。总部位于香港和北京的律所在伦敦、开曼群岛等国际金融中心及金边、首尔等与中国地理邻近的政治中心都设立了分支机构，除此之外的其他国内城市的律所没有海外分支机构。

　　国外律所的总部集中分布于伦敦、纽约、开曼群岛、华盛顿、新加坡等知名国际金融中心。总部位于伦敦、纽约等一线国际金融中心的律所在其他同等级的金融中心设立分支机构，形成了紧密的网络，但这几个城市还是与自身的联系占比最大。从与中国城市的联系来看，大部分国外律所都在香港设立了分支机构，但与内地城市联系不多。其中，总部位于伦敦的律所与香港联系最多。此外，阿姆斯特丹、基多、德黑兰、墨西哥城等北欧、非洲、中亚的城市分别只有为数不多的律所参与到了内地企业赴港 IPO 中，且总部城市与参与 IPO 的城市一致或地理上相近（见图 4 - 9）。

　　从参与的 IPO 数量来看，排名前列的有四家是总部位于开曼群岛的离岸律师事务所（见表 4 - 5）。其中，康德明律所（Conyers Dill & Pearman）是"离岸魔圈"[①]的成员之一，在众多律师事务所的排名中名列前茅[②]。根据港交所《上市规则》，"红筹模式"上市的企业必须聘请来自海外注册实体的律所作为本公司顾问，而开曼群岛是香港上市企业最受欢迎的注册地点。

　　排名前列的本公司法律顾问中，有四家是来自北京的"红圈"律所[③]。

---

　　① 律师事务所排名见 https：//www.chambersandpartners.com/，https：//www.iflr1000.com//，http：//www.legal500.com。

　　② "魔圈"（magic circle）是对总部位于伦敦、收入最高、拥有最多国际声誉的五家跨国律师事务所的非正式称谓。

　　③ 2014 年 9 月，英国《律师》杂志发表了《中国精英 2014：根据一份关于中国法律市场的报告》，指出"红圈"律师事务所以 2013 年全年收入来衡量，它们分别是金杜、君合、方达、竞天公诚、通商、海问和中伦。

在"红圈律所"中，竞天律师事务所、通商律师事务所海外分支机构数量最少。盛德律师事务所（Sidley Austin）是一家位于芝加哥的老牌跨国律所，赵不渝·马国强是一家香港的私人律所。从参与 IPO 的募资金额来看，中国本土的律所参与 IPO 的金额高于海外律所。

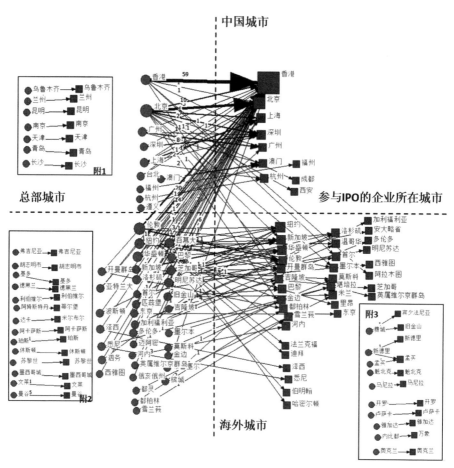

图 4－9　本公司法律顾问总部——参与 IPO 企业所在城市

注：圆点代表企业总部，方块代表实际参与 IPO 的企业所在城市。承销商总部城市由企业名称根据和企业官网查得。参与到 IPO 中的企业地址，摘录自招股说明书。线上的数字代表企业数量。

表 4 – 5　　　　　　　　　　参与 IPO 数量前十本公司法律顾问

排序	企业名称	总部城市	参与 IPO 的企业所在地	参与 IPO 数量（个）	IPO 金额总量（百万港元）
1	Conyers Dills & Pearman，Cayman	开曼群岛	开曼群岛	267	283 797.20
2	竞天律师事务所	北京	北京	131	217 049.20
3	通商律师事务所	北京	北京	87	234 428.90
4	Maples and Calder	开曼群岛	香港	64	109 697.00
5	Appleby Spurling Hunter	开曼群岛	香港	63	34 037.65
6	盛德律师事务所	芝加哥	香港	61	95 543.24
7	Conyers Dills & Pearman，Cayman	开曼群岛	香港	52	50 305.28
8	北京市金杜律师事务所	北京	北京	46	367 481.80
9	赵不渝·马国强律师事务所	香港	香港	44	34 906.19
10	Jia Yuan Law Offices	北京	北京	31	229 835.10

2. 承销商法律顾问

由图 4 – 10 所示，承销商法律顾问所的数量及分布范围都远小于本公司法律顾问所，而且承销商法律顾问总部与参与 IPO 企业所在城市的一致性小于本公司法律顾问。

中国律所中，总部集中分布于北京、上海、香港、广州、深圳等一线城市，且北京具有绝对的优势。同时，总部位于这五个城市的律所均在另外四个城市设立分支机构，形成了紧密的网络。但这五个城市还是与自身的联系占比最大。仅有总部位于北京的律所在国外设立了分支机构。

国外律所中，总部集中分布于华盛顿、纽约、开曼群岛等国际金融中心，其次是悉尼、洛杉矶、旧金山等城市。与本公司律所不同的是，总部位于伦敦的律所较少，而位于华盛顿的最多。而且，总部集中度最高的几个城市并未在同等级的金融中心设立分支机构，而是在香港设立分支机构，从而与中国建立联系。此外，多伦多、新加坡、苏黎世分别只有一家律所参与到了内地企业赴港 IPO 中，且总部城市与参与 IPO 的城市一致或地理上相近。

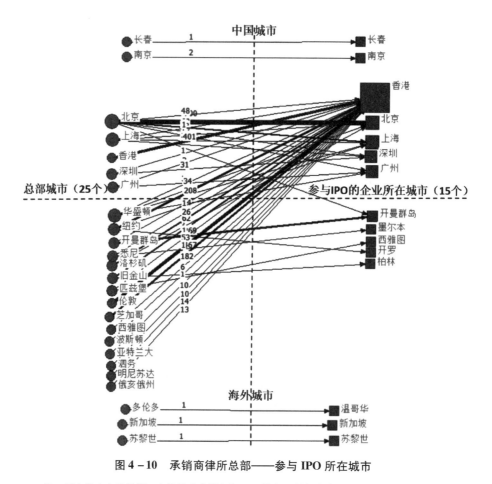

图 4 - 10　承销商律所总部——参与 IPO 所在城市

注：圆点代表企业总部，方块代表实际参与 IPO 的企业所在城市。承销商总部城市由企业名称根据和企业官网查得。参与到 IPO 中的企业地址，摘录自招股说明书。线上的数字代表企业数量。

表 4 - 6 可知，排名前列的本公司法律顾问与承销商法律顾问高度重合。承销商法律顾问参与的 IPO 金额中，总部位于国外的律所远远低于中国本土的律所，可见体量更大的内地企业 IPO 项目倾向于选择本土律所作为法律顾问。

表 4 - 6　　　　　　　　参与 IPO 数量前十承销商法律顾问

排序	企业名称	总部城市	参与 IPO 的企业所在地	参与 IPO 数量（个）	IPO 金额总量（百万港元）
1	Conyers Dills & Pearman，Cayman	开曼群岛	开曼群岛	269	544.80
2	竞天律师事务所	北京	北京	204	152 172.4452
3	通商律师事务所	北京	北京	178	311 807.9447
4	盛德律师事务所	芝加哥	香港	116	61 383.3792
5	北京市金杜律师事务所	北京	北京	73	198 343.8431
6	赵不渝·马国强律师事务所	香港	香港	65	4 627.368
7	富尔德律师事务所	伦敦	香港	64	282 301.3518
8	Conyers Dills & Pearman，Cayman	开曼群岛	香港	54	18 413.7029
9	普衡律师事务所	洛杉矶	香港	53	76 807.0032
10	海问律师事务所	北京	北京	49	194 155.2993

4.5.3　会计师事务所

实际参与 IPO 的会计所主要分布于香港、北京等城市。除总部位于杭州的会计所以外，所有会计所均在香港设立分支机构。

中国的会计所总部主要分布于北京、香港、上海、台北、广州、深圳及杭州等城市，北京数量最多。不同于证券企业与律所，总部位于中国的会计所没有海外分支参与 IPO。

国外会计所中，总部集中分布于伦敦、纽约、阿姆斯特丹、新加坡等国际金融中心，企业总数以伦敦为最。所有国外会计所除在香港设立了分支机构外，与中国内地城市没有联系。总部位于伦敦的会计所与香港联系最多（见图 4 - 11）。

由表 4 - 7 可知，从 IPO 数量和金额来看，排名前四的会计所占有了绝大部分内地企业赴港 IPO 市场，它们分别是总部位于纽约、伦敦、阿姆斯特丹的"四大会计所"。此外，总部位于北京会计所有两家，位于香港的有三家，其中香港立信德豪是 BDO 国际①在香港的成员所。

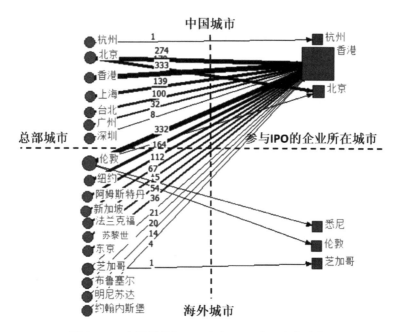

图 4－11　会计所总部——参与 IPO 企业所在城市

注：圆点代表企业总部，方块代表实际参与 IPO 的企业所在城市。承销商总部城市由企业名称根据和企业官网查得。参与到 IPO 中的企业地址，摘录自招股说明书。线上的数字代表企业数量。

表 4－7　　　　参与 IPO 数量前十会计所总部与分支机构所在地

排序	企业名称	总部城市	参与 IPO 的企业所在地	参与 IPO 数量	IPO 金额总量（百万港元）
1	德勤·关黄陈方会计师行	纽约	香港	164	508 349.99
2	罗兵咸永道会计师事务所	伦敦	香港	164	653 475.95
3	安永会计师事务所	伦敦	香港	163	400 087.66

① BDO 国际为全球第五大会计网络，网络遍布全球 150 多个国家，有超过 1 300 个办事处。

排序	企业名称	总部城市	参与 IPO 的企业所在地	参与 IPO 数量	IPO 金额总量（百万港元）
4	毕马威会计师事务所	阿姆斯特丹	香港	112	589 124.87
5	香港立信德豪会计师事务所有限公司	香港	香港	17	4 416.98
6	信永中和（香港）会计师事务所有限公司	北京	香港	13	15 949.16
7	陈叶冯会计师事务所有限公司	香港	香港	12	2 703.48
8	均富会计师行	芝加哥	香港	12	20 578.00
9	安达信公司	芝加哥	香港	9	923.93
	中瑞岳华（香港）会计师事务所	北京	香港	7	2 247.39
10	国卫会计师事务所	香港	香港	6	1 146.89

综合以上分析，ABS 企业的全球总部及参与 IPO 的分支机构的关系呈现以下特征：

（1）实际参与 IPO 的证券企业分支机构所在城市不同于总部所在城市。证券企业倾向于在香港设立分支机构。排名前列的保荐人主要是来自纽约、巴黎、苏黎世等国际金融中心的老牌国际性投行，以及总部位于北京、上海的国资背景投行。

（2）实际参与 IPO 的律所分支机构所在地与全球总部所在地的一致性较高。排名前列的律所主要是总部位于开曼群岛的离岸律所及总部位于北京的"红圈"律所。承销商律所的数量和分布范围小于本公司律所。

（3）会计所总部主要位于香港、伦敦、北京、纽约等国际金融中心，大部分会计所都倾向于在香港设立分支机构。"四大"会计所占领了绝大部分市场。

4.6 小　　结

本章基于本书建立的 1999～2017 年中国内地企业赴港 IPO 事件数据库，分析了内地企业赴港 IPO 中两类行为主体——拟上市企业及其所聘请的 ABS 企业的空间分布，探讨了不同时段、所有制属性、行业类型、股票类型的两类行为主体的空间分布特征。

本章的贡献研究了赴港 IPO 中除上市企业总部以外的新的空间主体。已有地理学领域对 IPO 的研究主要关注拟上市企业总部的分布，或参与 IPO 的 ABS 企业所在地的分布。而本章研究的空间主体包括内地企业总部所在地、上市实体注册地、ABS 企业全球总部及参与 IPO 的分支机构所在地。

本章内容的主要结果有以下四个方面。

（1）内地赴港 IPO 企业总部。

赴港上市的内地企业总部的空间分布十分不均衡，主要分布于京津冀地区、长三角地区以及珠三角地区，并且随着时间的变化由东部地区向中西部扩展，从经济发达地区向欠发达地区蔓延。内地赴港 IPO 企业空间分布及时间变化与重大国际事件、国家政策、地区经济发展、城市行政级别、城市交通情况、与证券市场邻近性等因素密切相关。内地企业赴港 IPO 企业以工业工程、地产、纺织服装、金融等行业为主，一方面反映了内地经济的发展，另一方面反映了香港证券市场的偏好。受政策因素影响，内地企业赴港 IPO 最初以国企为主，逐渐发展为以民营企业为主。

（2）内地企业上市实体注册地与离岸律所。

由于监管宽松、税收减免等原因，大部分赴港 IPO 企业选择在境外注册，通过"红筹模式"上市，发行"红筹股"或"中资民营非 H 股"。民营企业更倾向于境外注册，而国企受限于国家政策，更倾向于在内地注册。由于税率、外汇管制、年检、保密性、未来交叉上市可能性等因素，采用"红筹上市"的内地企业主要将境外实体注册地址设置在开曼群岛。境外注册的内地企业必然聘请来自注册地的离岸律所,主要来自开曼群岛、百慕大、香港等离岸金融中心。

（3）参与 IPO 的 ABS 企业分支机构所在地。

参与 IPO 的 ABS 企业分支机构集中分布于中国东部沿海地区、美国东部和西北沿海地区,以及东南亚地区、欧洲和大洋洲的国际金融中心,并且随着时间的变化,逐步向南亚中亚、非洲、南美洲,及中东地区扩散。香港的企业数量最多,部分原因是由于 ABS 企业倾向于在香港设立分支机构。ABS 企业的分布与所在地经济发展水平,以及与内地、香港交易所的邻近性有关。

（4）ABS 企业的全球总部。

ABS 企业全球总部主要分布于香港、北京、上海及伦敦、纽约等国际金融中心,而且大部分实际参与 IPO 的 ABS 企业分支机构不同于其总部所在城市。排名前列的证券企业主要是老牌国际性投行,及总部位于北京、上海的国资背景投行,排名前列的律所主要是总部位于开曼群岛的离岸律所及总部位于北京的"红圈"律所,排名前列的会计所主要是"四大"会计所。为内地企业提供服务的 ABS 企业大部分是外资企业,但中资律所和券商市场份额随时间变化越来越大。

第5章 赴港 IPO 内地企业与 ABS 企业之间服务关系形成的城市网络

5.1 引　　言

香港证券交易所因其地理、文化和经济上的邻近性，成为吸引了最多中国企业的境外上市目的地（Yang and Lau，2006；Pan and Brooker，2014）。而现有的文献主要关注中国企业境外 IPO 的动因和区位选择（Zhang and King，2010；Pan and Brooker，2014），从世界城市网络的视角研究中国企业全球融资活动的文献很少。

世界城市网络的研究提供了一种通过城市之间的流动来理解全球化的方法，并将城市视为战略节点（Taylor，2001）。城市作为节点的等级层次是由与其他节点交互的流的数量和强度决定的（Taylor et al.，2002）。大量的文献利用城市间的关系数据来研究世界城市网络。随着 Sassen（1991）强调高级生产性服务业企业在全球城市中的作用，许多研究广泛应用国际 APS 企业来探索世界城市网络，特别是采用 APS 企业总部与分支机构之间的组织关系来建立城市间的联系（Taylor and Derudder，2004；Beaverstock et al.，2000；Taylor，2001）。然而，这一流派的研究一直受到批评，因为它不能反映城市之间实际的经济流动（Nordlund，2004）。

本章的研究基于 ABS 企业与在港交所上市的内地企业之间的服务关

系来构建城市间联系。本章采用中国企业 1999 ~ 2017 年在港交所的实际 IPO 数据，首次将基于 IPO 的企业间服务关系应用于探索世界城市网络的研究。在 IPO 过程中的 ABS 企业包括提供金融服务的证券企业、提供法律服务的律师事务所以及提供审计服务的会计师事务所。在 IPO 过程中，人员、金融资本和信息在上市企业总部和 ABS 企业所在城市之间的频繁流动，因此相关城市相互关联，形成了城市网络。延续潘等（Pan et al. ，2017，2018a，2018b）的方法，本书采用 IPO 中的上市企业总部及参与 IPO 的 ABS 企业办事处所在城市来构建城市网络，而不考虑 ABS 企业总部城市。

本章的贡献主要体现在四个方面。第一，将境外 IPO 过程中的企业间服务关系转化为城市间联系的策略，克服了现有实证世界城市网络研究的局限性。以前的研究主要依赖于跨国企业内部的组织联系（如 Taylor and Derudder，2004；Martinus et al. ，2015）建立城市联系。IPO 代表了现代经济中极为高端的金融活动，因此 ABS 企业及其客户的企业间服务联系是刻画现代经济中城市间业务联系的关键要素。与以往基于问卷调查收集企业间服务数据的研究（如 Yeh et al. ，2015）不同，本书采用 IPO 中 ABS 企业与客户之间的服务关系做定量研究，并对服务的性质进行了更为明确的界定。

第二，在刻画城市网络的基础上，加入了"企业—城市"二模网络的分析。目前，大量城市网络的研究只通过反映城市关系的企业关系来构建一模网络，丢失了很多节点的属性，因此城市网络的数据分析能得到的结果十分有限，这是目前城市网络研究的弱点之一。

第三，通过 IPO 过程中的服务关系来研究城市网络，旨在探索指挥中心和 ABS 中心是如何连接的，以对全球城市和世界城市理论作出实证和理论贡献。一方面，根据萨森（1991）的理论框架，ABS 的集聚企业（如证券、会计、广告和法律服务企业）抓住了全球城市的关键特征。另一方面，根据弗里德曼（1986）的世界城市理论，大企业的总部主要集中在世界城市。显然，ABS 企业与上市企业总部之间的关系对于理解不断发展的世界城市体系至关重要，因为这两类企业都位于不同层次的世界/全球城市。与只考虑 ABS 企业或大型跨国企业总部相比，ABS 企业与其 IPO 客户之间的企业间服务关系更能反映城市网络。

第四，本章的研究提供了另一种视角，即考察某一特定国家的企业活动如何推动世界城市网络。大部分世界城市网络的研究都是以跨国企业联系为基础的全球范围的研究，而忽略了某个国家的视角。越来越多学者认为，一个国家的城市网络不能被看作一个或多个世界城市网络的一个简单延伸（Zhao et al.，2015；Pan et al.，2018b）。近期已有部分学者开始研究由特定国家（如澳大利亚）企业活动驱动的世界城市网络（Martinus et al.，2015；Martinus and Sigler，2017）。本章考察了来自新兴经济体的企业的高端融资活动如何推动了全球城市网络的发展。

5.2　城市节点特征

5.2.1　总体节点特征随时间变化趋势

早期城市网络中的城市数量比较少，但城市的平均度中心性非常高（见图 5 - 1）。后期融入网络的城市逐渐分散了前期融入城市的显著优势地位。一方面，随着时间的推移，国内外参与服务网络的城市数量不断增加。另一方面，平均加权度数下降较快。

5.2.2　境外城市与境内城市的总联系值分布

境内总体联系值较高的城市主要集中在东部沿海地区（尤其是京津冀、长三角、珠三角）和省会城市。联系值最高的城市为北京、上海、深圳、广州、南京及杭州等。

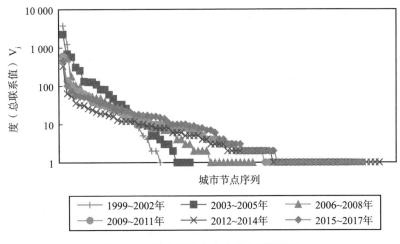

图 5-1　服务网络节点度分布时间变化

境外城市分布较为广泛，联系值最高的城市为香港、伦敦、纽约等世界城市，开曼群岛、新加坡等离岸金融中心以及欧美城市。尽管联系值很低，但仍有一些非洲、中亚、西亚等发展中国家的首都城市与境内城市相连，如德黑兰、阿拉木图、利伯维尔、卢萨卡等。此外，由于地理位置接近，中国周边城市的联系值也相对较高，如曼谷和吉隆坡。

5.2.3　境外城市——服务提供者

所有的境外城市都是服务提供者。入度最大的境外城市为香港、开曼群岛、伦敦、新加坡、纽约、华盛顿、吉隆坡、悉尼、曼谷等（见表 5-1）。由于香港是内地企业拟上市的证券交易所所在地，许多国际 ABS 企业在香港设立分支机构，不难理解香港在本书构建的城市网络中占据绝对优势。入度仅次于香港的第二大境外城市开曼群岛是一个典型的离岸司法管辖区，许多中国企业在开曼群岛设立空壳企业，接受该司法管辖区律师事务所的法律服务（Coe et al.，2014；Wojcik and Camilleri，2015）。伦敦在该网络中的重要性，部分原因在于香港与伦敦之间的紧密联系（Lai and Pan，

2018），以及伦敦本身作为一级国际金融中心的实力。虽然伦敦在大多数年份都排在开曼群岛之后，但在 2015～2017 年超过了开曼群岛（见图 5 - 2）。纽约加入该网络的时间相对较晚，但增长迅速。

表 5 - 1　　　　　　　　　入度排名前 20 的城市　　　　　　　单位：家

排序	城市	证券公司	法律公司	会计公司	总数
1	香港	4 255	1 705	733	6 693
2	北京	18	783	3	804
3	开曼群岛	3	272		275
4	伦敦	144	15	1	160
5	上海	2	151		153
6	深圳	2	109		111
7	广州		53		53
8	新加坡		13		13
9	纽约	2	9		11
10	澳门		10		10
11	福州		7		7
12	华盛顿		7		7
13	杭州		6	1	7
14	吉隆坡		6		6
15	悉尼	1	4	1	6
16	南京		5		5
17	曼谷		5		5
18	苏黎世	1	2		3
19	洛杉矶		3		3
20	墨尔本		3		3

境外城市在为内地企业提供的服务类型方面存在巨大差异。香港在券商、法律及审计等方面的服务上均占主导地位。特别是证券企业和会计所大多来自香港。只有香港、伦敦、纽约、悉尼和苏黎世这五个境外城市提

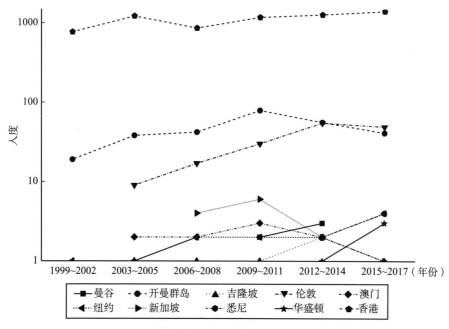

图 5 – 2　排名前十境外城市的入度随时间变化

供承销服务。伦敦在承销服务方面具有竞争力，但远远落后于香港。与券商和会计所相比，律师事务所具有更广泛的分布，部分原因是 IPO 中的律师事务所被要求用当地的法律体系处理与特定国家和地区相关的法律问题（Beaverstock，2004）。所列的境外城市大多提供法律服务。开曼群岛在提供法律服务方面发挥着特别重要的作用，仅次于香港和北京。此外，新加坡、伦敦、澳门、纽约、华盛顿、吉隆坡、曼谷和悉尼也是重要的法律服务提供者。最后，会计服务极度集中于香港，这是由于港交所《上市规则》规定，每次 IPO 需要至少聘请一家位于香港的会计所。

　　境外城市作为服务提供者，在不同时段被纳入网络，随着时间的推移，在网络中城市的重要性逐渐发生变化。在内地企业境外 IPO 的初期，最早参与城市网络的境外城市是香港、开曼群岛以及美国和东南亚的城市。2008 年后，来自非洲、中亚和南美的城市逐渐加入这一网络。随后，来自大洋洲、东亚（包括东京、首尔和莫斯科）的城市在 2012 ~ 2014 年进入。最后，从 2015～2017 年，西亚城市加入了城市网络（见表 5－2），更多来自不同地区的城市加入了城市网络，中国企业的全球影响力进一步扩大。此外，境外城市服务值总体比例呈现下降趋势，表示近年来内地城市作为服务提供者的崛起。这个问题将在下一节中讨论。

表 5－2　　　　　　　　　不同区域境外城市的入度随时间变化

区域	1999～2002 年	2003～2005 年	2006～2008 年	2009～2011 年	2012～2014 年	2015～2017 年	总数
香港和澳门地区	770	1 218	863	1 179	1 271	1 402	6 703
加勒比地区	19	38	42	81	57	43	280
欧洲	0	9	19	37	60	56	181
北美	3	2	8	5	9	12	39
东南亚	0	2	5	11	13	5	36
大洋洲	0	0	0	0	6	7	13
东亚	0	0	0	0	4	2	6
非洲	0	0	0	2	1	2	5
南亚	0	0	0	2	1	1	4
西亚	0	0	0	0	2	0	2
中亚	0	0	0	1	0	0	1
南美	0	0	0	0	0	1	1
境外城市总体入度	792	1 269	937	1 318	1 424	1 531	7 271
所有城市总体入度	840	1 396	1 111	1 591	1 699	1 784	8 421
境外城市占总体城市入度比例（%）	94.29	90.90	84.34	82.84	83.81	85.82	86.34

注：本表加勒比地区包括开曼群岛、英属维尔京群岛和汉密尔顿群岛；不同地区的百分比是指不同地区的自主价值在境外城市总数中所占的比例。

5.2.4　内地城市——控制指挥中心及新兴的服务提供者

作为企业总部所在地，内地城市在网络中承担控制和指挥功能。在内地，出度值最高的控制指挥中心是北京、上海、深圳、广州、南京和杭州等城市。出度值排名前四的城市随时间的变化情况如图 5 - 3 所示。一直以来北京都排名首位，部分原因是许多中央国有企业总部都位于北京，而且优先在香港上市（Pan and Brooker, 2014）。上海与深圳的出度值排名交替第二，而且数值波动幅度较大，广州一直以来排名第四，出度值稳步上升。此外，由于许多中国企业的总部都设在香港，香港保持着仅次于北京的全球第二大控制指挥中心的独特地位。

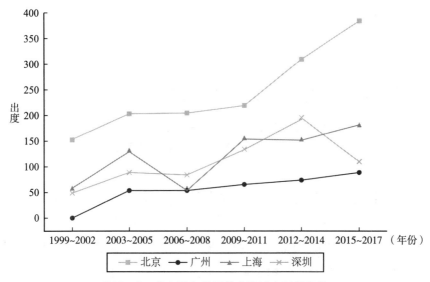

图 5 - 3　出度排名前四的内地城市时间变化

随着时间的推移，内地城市已成为网络中重要的服务提供者。内地城市的入度值占全球城市入度值的比重从 1999 ~ 2002 年的不足 5% 上升到 2006 ~ 2008 年的 28.13%。2008 年之后，这一比例大幅下降至 16.69%，但在 2015 ~ 2017 年又回升至 23.96%。内地几个重要城市作为服务提供者的地位相当稳定。如图 5 - 4 所示，北京、上海、深圳、广州是中国内地入度值最高的城市。北京一直保持着为赴港 IPO 内地企业提供服务的领先地位。深圳在第一个时段内排名第二，随后被上海超越。此后，上海、深圳、广州分别排名第二、第三、第四位。

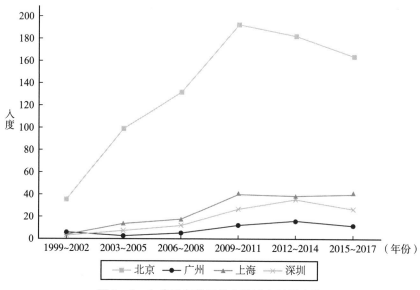

图 5-4　入度排名前四的内地城市时间变化

从城市提供的服务类别来看，北京在证券、律所及会计所等三个行业中，在内地城市中都处于领先地位，其次是上海和深圳（见表 5-3）。在证券服务方面，相对于上海和深圳，北京具有很大的优势。内地大部分城市在 IPO 过程中都提供了法律服务，北京依然是领先的法律服务提供商，其次是上海、深圳和广州。在港交所的 IPO 过程中，很少有内地城市参与会计服务。

表 5-3　　　　　　　　　入度排名前二十的中国城市　　　　　　　　　单位：家

排序	城市	证券公司	法律公司	会计公司	总数
1	北京	872	474	121	1 467
2	香港	717	464	4	1 185
3	上海	407	255	64	726

排序	城市	证券公司	法律公司	会计公司	总数
4	深圳	346	260	55	661
5	广州	164	142	28	334
6	南京	110	83	15	208
7	泉州	66	72	14	152
8	厦门	61	75	16	152
9	杭州	84	55	12	151
10	郑州	85	52	11	148
11	福州	75	51	11	137
12	宁波	61	45	9	115
13	天津	61	43	9	113
14	无锡	35	47	9	91
15	滨州	52	28	6	86
16	东莞	45	35	6	86
17	西安	50	22	5	77
18	成都	26	42	8	76
19	佛山	27	36	6	69
20	沈阳	32	30	6	68

5.3　城市对特征

5.3.1　香港地区与境内外城市联系

香港在网络中的中心性不仅体现在与内地城市的直接联系，而且体现在与境外城市相连。从城市对联系值来看，第一梯队的城市对联系值由香港和内地的其他城市组成，如北京、上海、深圳、广州。除此之外，香港与包括开曼群岛、伦敦和吉隆坡在内的境外城市有着紧密的联系。

从香港与国外城市的城市对联系值来看，香港—开曼群岛联系值最高，这是法律服务企业进驻开曼群岛的结果。这表明离岸司法管辖区在全球金融网络中扮演着关键角色（Coe et al.，2014）。香港—伦敦联系值排名第二，表明香港与伦敦之间仍然存在着传统的联系（Lai and Pan，2018），内地企业在港交所 IPO 将进一步加强这种联系。

从香港与内地城市的城市对联系值来看，香港—北京的联系值最高。这是由于许多国有企业的总部都设在北京（Pan and Xia，2014），北京有着作为控制与指挥中心的独特优势。此外，香港—上海、香港—深圳和香港—广州也是重要的城市对（见图 5 – 5）。

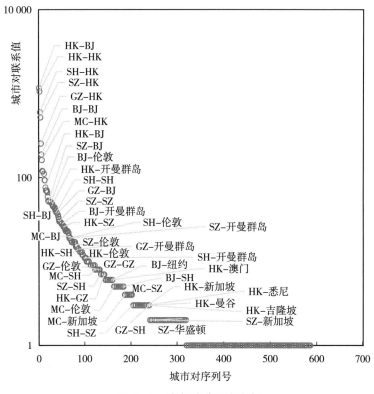

图 5 – 5　城市对联系值分布

注：MC 代表中国内地除北京（BJ）、上海（SH）、深圳（SZ）、广州（GZ）外的其他城市。

5.3.2　内地城市的国内联系与国外联系

当在城市对分析中排除香港后，内地的北京、上海、深圳和广州在大多数城市对中的重要性得以凸显。如表 5-4 所示，北京—深圳、北京—广州、北京—上海是国内最重要的城市对。与此同时，伦敦和开曼群岛与北京、深圳、上海和广州紧密相连。这表明：一方面，一些中国城市已经与世界一线城市和离岸司法管辖区建立了直接联系；另一方面，北京、上海、深圳有能力为全国其他城市提供专业服务，主要是法律服务。长远而言，内地城市与伦敦、纽约、洛杉矶等国际城市的直接联系日益紧密，可能会削弱香港在国际城市网络中扮演桥梁角色的重要性。

表 5-4　　　　　　　　排除香港后联系值排名前 15 的城市对

排序	城市对	联系值
1	北京—上海	56
2	北京—深圳	51
3	北京—伦敦	51
4	北京—广州	36
5	北京—开曼群岛	28
6	北京—泉州	20
7	深圳—开曼群岛	19
8	上海—伦敦	19
9	北京—郑州	17
10	北京—南京	17
11	北京—厦门	17
12	深圳—伦敦	17
13	广州—开曼群岛	16
14	北京—天津	13
15	厦门—开曼群岛	12

5.3.3 内地城市的本地服务与非本地服务

中国城市的对外服务（入度值）中，跨城市服务占比更大，只有15.82% 的对外服务值是本地服务值（$V_{i-local}$）。本地服务值超过 1 的城市只有 7 个。香港的本地服务值最高，尤其是在证券企业的服务方面。北京、上海、深圳、广州等地的本地服务值相对较大（见表 5 - 5），主要是提供法律服务。

表 5 - 5 中国主要城市的本地服务值 单位：家

城市	证券公司	法律公司	会计公司	总数
香港	702	257	102	1 061
北京	13	175	0	188
上海	0	38	0	38
深圳	1	29	0	30
广州	0	9	0	9
南京	0	2	0	2

表 5 - 6 列出了非本地服务价值最大的中国城市，对比表 5 - 5，在服务值总量排名及分类别服务的比例上看，城市的本地服务与非本地服务的区别差异不大。几乎所有城市在每个服务部门的非本地服务值都大于本地服务值。而北京的证券服务是个例外，北京的本地服务价值更高，这主要是因为大部分中国知名的中央国有证券企业的总部都设在北京。

表 5 - 6 中国主要城市的非本地服务值 单位：家

城市	证券公司	法律公司	会计公司	总数
香港	3 553	1 448	631	5 632
北京	5	608	3	616

城市	证券公司	法律公司	会计公司	总数
上海	2	113	0	115
深圳	1	80	0	81
广州	0	44	0	44
杭州	0	5	1	6
福州	0	6	0	6

5.4　二模网络特征

5.4.1　领先 ABS 企业的分布

ABS 企业—全球城市的二模网络总体分布特征呈现核心—半核心—外围的结构，香港是网络的核心，在所有服务类型上占有绝对优势（见图 5-6）。伦敦、开曼群岛、北京、广东、上海、深圳是该网络的二级核心。其中，伦敦以提供证券服务为主，其他城市则以律师服务为主，既有本公司法律顾问，也有承销商法律顾问。在网络的外围是其他城市，大部分城市提供法律服务，外围的律师事务所与二级核心的律师事务所联系较少。

在伦敦提供证券服务的企业都是老牌知名跨国投行，如摩根士丹利、美林国际和摩根大通等。与伦敦不同，香港的证券券商主要是港资企业，如新鸿基国际有限企业、大福证券、第一上海证券等，以及中银亚洲、国泰君安证券等新兴的中资券商。德勤会计师事务所是为在内地企业提供最多服务的会计师事务所，而 "Conyers Dill & Pearman" 是在开曼群岛提供最多法律服务的律师事务所。在众多律师事务所中，金杜律师事务所是唯一一家同时位于北京、上海、深圳三地的律师事务所。此外，竞天公诚、君合律师事务所在北京、上海两地都有较高的联系值。

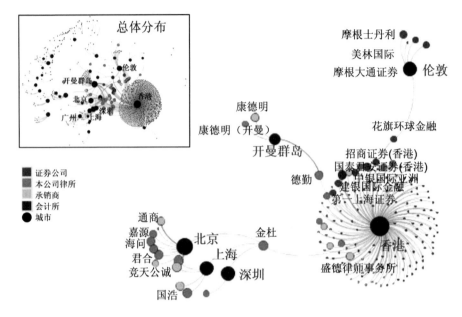

图 5 – 6   ABS 企业—全球城市二模网络

注：图中使用 Gephi 中的 Yifan Hu layout 模型生成二模网络。点的大小表示度值，线的粗细表示不同节点之间的联系强度。左上角是包含所有城市和企业的整体网络，右下角是边联系值在 10 以上部分的网络。

5.4.2　为不同所有制属性的内地企业提供服务的全球城市

内地民营企业与全球城市的联系范围最广，联系值最大，而国有企业与全球城市的联系范围和强度都最小。

被各类上市企业广泛选择的全球城市有香港、新加坡、伦敦、吉隆坡、悉尼、上海、北京和深圳等。其中，内地民营企业与开曼群岛等离岸金融中心或纽约等美国的城市联系更紧密，而国有企业与伦敦等欧洲的城市联系更为紧密，只有国有企业才可能选择卢萨卡和利伯维尔这类非洲城市来提供服务。香港为民营企业和地方国企主要提供会计服务，为央企主要提供证券服务（见图 5 – 7）。

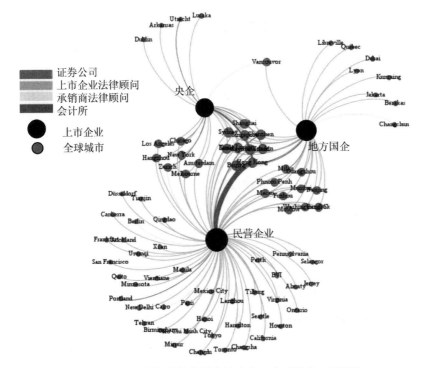

图 5-7　不同所有制的中国内地企业—全球城市二模网络

注：图中使用 Gephi 中的 Yifan Hu layout 模型生成二模网络图。点的大小表示度值，线的粗细表示不同节点之间的联系值。

对城市网络中总联系值最高的四个内地城市（北京、上海、深圳和广州）与四个境外城市（伦敦、新加坡、香港、开曼群岛）形成的城市对进行分析。如图 5-8 所示，位于不同城市的不同所有制属性的中国内地企业在选择 ABS 企业所在的不同全球城市时表现出了显著的差异。

联系值最大的香港—北京城市对是由中央国有企业主导的；联系值排名第二的香港—上海城市对由当地国有企业主导；排名第三、第四的城市对深圳—香港、广州—香港都被民营企业所主导。其他由中央国有企业主导的联系是广州—深圳、广州—新加坡。其他由地方国企主导的联系是深圳—香港、深圳—伦敦。

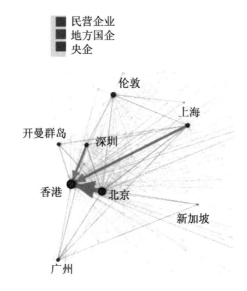

图 5 - 8　城市网络中联系值最高的四个国内城市与四个境外城市

注：由 Gephi 绘制。线条的颜色代表中国上市企业的所有制属性。线的粗细表示不同节点之间的联系值。

5.4.3　国有企业与民营企业对不同声誉 ABS 企业的选择

在本章构建的"内地企业—ABS 企业"二模网络中，衡量某个 ABS 企业服务功能的指标为入度中心性，可由某一时段为所有内地赴港 IPO 企业提供服务的频次的总和计算得出。在证券市场上某个上市中介机构承销的 IPO 的市场份额往往用以评价该 ABS 在该市场上的声誉（Megginson and Weiss，1991）。也就是说，本章构建的服务关系企业网络中，ABS 企业的入度中心性指标在一定程度上反映了 ABS 企业的声誉。

上市中介机构的声誉是影响 IPO 中介机构选择的重要因素。投资者往往将声誉高的中介机构与高质量的发行企业相联系，而将低声誉的中介机构与风险大的发行企业相联系。上市企业选择高声誉的中介机构，可以降低低价股 IPO 的失败率（Carpentier and Suret，2011），降低 IPO 抑价率（Carter and Manaster，1990；Balvers et al.，1988；Beatty，1989），而且可以降低本身较高的特别风险因素带来的影响（Firth and Tan，1998），在证券发行市场上得到更高的认同度（Carpenter and Strawser，1971）。相应地，高声誉的上市中介机构出于对自身声誉的保护，也倾向于选择低风险的 IPO 项目（Beatty and Ritter，1986）。

如图 5-9 所示，不同所有制属性的内地赴港 IPO 企业对 ABS 企业入度的选择偏好有明显差别，一定程度上反映了不同所有制属性的内地企业在 IPO 中对 ABS 企业的声誉的偏好。民营企业更倾向于选择 ABS 企业入度大的企业提供服务，国有企业行为比民营企业更多地受到政府行为的影响，并且影响到对 ABS 企业声誉的选择。

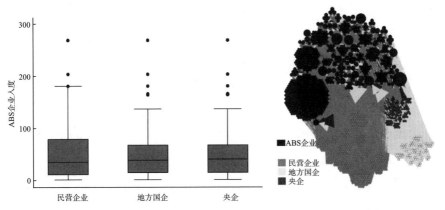

不同所有制属性内地上市企业对应的ABS企业入度分布箱型图　　不同所有制属性内地上市企业与ABS企业服务网络

图 5-9　不同所有制属性内地赴港 IPO 企业对应的 ABS 企业入度分布

5.5　小　　结

本章研究首次基于 ABS 企业与在港交所上市的内地企业之间的服务关系，构建了城市网络及相关的二模网络，刻画了赴港 IPO 中服务关系的格局。

本章研究的贡献体现在三个方面：

（1）在方法上，将赴港 IPO 过程中的企业间服务关系转化为城市间联系的策略，克服了现有实证研究中世界城市网络研究的局限性。

（2）在理论上，通过 IPO 过程中的服务关系来研究世界城市网络，探索了世界城市网络理论中控制指挥功能和与 ABS 服务功能是如何连接的，对全球城市和世界城市理论有一定的贡献。

（3）在研究视角上，本章考察了来自新兴经济体的企业的高端融资活动如何推动了全球城市网络的发展。

主要结果有：

（1）早期城市网络中，少量城市起到了决定性作用，后期越来越多的城市融入网络，逐渐分散了前期融入城市的显著优势地位。我国总体联系值较高的城市主要集中在东部沿海地区（尤其是京津冀、长三角、珠三角）和省会城市，如香港、北京、上海、深圳、广州、南京及杭州等。海外联系值高的城市主要是伦敦、纽约等世界城市，开曼群岛、新加坡等离岸金融中心以及欧美城市。

（2）从总部集聚功能来看，北京、上海、深圳、广州、南京和杭州等城市是网络中控制指挥中心功能最强的城市。从服务提供者的角度来看，香港、开曼群岛、伦敦、新加坡等城市是为内地企业赴港 IPO 提供的服务最多的海外城市。随着时间的推移，北京、上海、深圳、广州等内地城市已成为网络中重要的服务提供者。香港在本章构建的城市网络中占据绝对优势地位是因为香港是内地企业拟上市的证券交易所所在地，许多国际 ABS 企业在香港设立分支机构。开曼群岛是一个典型的离岸司法管辖区，许多中国企业在开曼群岛设立空壳企业，接受该司法管辖区律所的法律服务。伦敦在该网络中的重要性，部分原因在于香港与伦敦之间的紧密联系，以及伦敦本身作为一级国际金融中心的实力。

（3）内地企业赴港 IPO 中的企业间服务关系凸显了网络中不同世界城市不同行业类型的服务功能。香港占据绝对优势地位。开曼群岛在城市网络中地位的凸显，是因为许多中国企业在开曼群岛设立空壳企业，接受了该司法管辖区律所的法律服务。开曼群岛在法律服务方面的优势地位仅次于香港和北京。其中，"Conyers Dill & Pearman" 是在开曼群岛提供最多法律服务的律师事务所。伦敦在该网络中的重要性，部分原因在于香港与伦敦之间的紧密联系，以及伦敦本身作为一级国际金融中心的实力。伦敦在承销服务方面具有竞争力，在伦敦提供证券服务的企业都是老牌知名跨国投行。内地一线城市在网络中的服务功能主要体现在本地法律服务上。

（4）不同所有制属性的内地企业赴港 IPO 活动塑造了不同的城市网络。在跨国联系中，内地民营企业与开曼群岛等离岸金融中心或纽约等美国的城市联系更紧密，而国有企业与伦敦等欧洲的城市联系更为紧密。在国内联系中，央企主导了香港—北京城市对，地方国企主导了香港—上海城市对，民营企业主导了深圳—香港、广州—香港等城市对。国企与民营企业对 ABS 企业声誉的偏好不同，国企得到了各级政府的政策便利，因而对 ABS 企业声誉的依赖及受 ABS 企业的监督更少，而民营企业通常缺乏政治资源的支持，更有动力聘请高声誉的 ABS 企业给公众或合作伙伴提供良好的外部信号。

5.6　讨论：本章与 GaWC 团队研究结果的差异

与 GaWC 团队采用全球领先 APS 企业总部—分支数据构建的城市网络结果相比，内地赴港 IPO 企业与 ABS 企业构建的城市网络具有以下不同。

对比 GaWC 的 GNC 与本章的总联系值的世界排名可知，在本章构建的城市网络中香港排名第一，高于 GaWC 团队世界的排名（第三）（见表 5 - 7）。同样地，北京、上海、深圳、广州等内地城市在本章构建的城市网络中的排名都有一定的提升。这说明，得益于内地企业赴港 IPO，香港、北京、上海、深圳、广州等中国城市在网络中的服务功能更加凸显，由于内地赴港 IPO 企业更倾向于选择这些城市提供服务，这些城市在城市网络中的重要性被加强。对比 GaWC 的 CDC 与本章的城市对联系值的世界排名可知，在 GaWC 网络中，中国城市与伦敦、纽约形成的城市对联系值最高，而本章构建的网络凸显了开曼群岛的地位。

表 5 – 7　　　　2010 年 GNC 与 CDC 排名前 20 的城市与城市对

GNC 排名前 20 的中国城市				CDC 排名前 20 包括中国城市的城市对			
中国排名	世界排名	城市	GNC	中国排名	世界排名	城市对	CDC
1	3	香港	73	1	2	香港—伦敦	75
2	7	上海	62.7	2	3	香港—纽约	69
3	12	北京	58.4	3	6	伦敦—上海	62.1
4	43	台北	41.7	4	10	纽约—上海	58.7
5	67	广州	34.1	5	14	北京—伦敦	55.6
6	106	深圳	25.8	6	19	北京—纽约	52.3
7	188	天津	16.8	7	20	香港—新加坡	51.6
8	223	高雄	14.3	8	31	香港—上海	47.5
9	245	南京	13.5	9	32	香港—巴黎	47.2
10	252	成都	13.1	10	37	香港—东京	44.9
11	262	杭州	12.5	11	39	北京—香港	43.9
12	267	青岛	12.3	12	44	上海—新加坡	41.1
13	275	大连	12	13	45	巴黎—上海	40.4
14	291	澳门	10.9	14	46	迪拜—香港	39.8
15	319	重庆	8.9	15	47	芝加哥—香港	39.7
16	323	西安	8.7	16	50	香港—悉尼	39.2
17	325	苏州	8.6	17	52	北京—新加坡	38.8
18	337	武汉	8	18	54	上海—东京	38.4
19	346	厦门	7.5	19	56	北京—上海	38
20	348	宁波	7.5	20	57	香港—米兰	37

　　注：GNC 为某个城市在世界城市网络中的总连通度；CDC 为城市对连接值；表格数据来自 GaWC 团队 Derudder et al.（2013）。

对比 GaWC 与本章的两种城市网络中国城市排名的时间变化可知，香港的排名在两种网络中都保持了中国城市中排名第一的地位（见表 5 - 8）。台北在 GaWC 世界城市网络中的排名随时间下降，但保持了中国第四的地位，远高于在本章网络中的排名，这是由于台北与全球的经济联系主要体现在与国外城市的联系上，与国内城市的经济联系不紧密（Taylor，2006）。

表 5 -8　　GaWC 世界城市网络中 GNC 世界排名前 50 的中国城市

中国城市	2000 年	2004 年	2010 年
香港	3	3	3
上海	30	23	7
北京	33	22	12
台北	18	25	43

资料来源：来自 GaWC 团队 Derudder et al. （2013）；Taylor （2006）。

对比北京与上海的中国排名可知，在本章构建的城市网络中，北京的排名一直高于上海，而在 GaWC 团队研究中，2000 年上海的排名高于北京，2004 年被北京超越，2010 年回到第一的地位。北京与上海在两种网络中总连通度世界排名的差异主要有两个方面的原因：第一，本章构建的网络中服务的客户范围为内地，而 GaWC 构建的网络分支机构范围为全球范围。在 GaWC 网络中，上海与主要世界（伦敦、纽约）之间的城市对联系值均高于北京（见表 5 -9），即上海企业在全球设立的分支机构形成的网络比北京企业的全球联系更紧密。而在服务对象为中国内地范围时，北京比上海的影响力更大。第二，两种网络涉及的 APS 行业范围不同。本章构建的网络包含会计、券商、法律三种类型，北京在这三种类型中的联系值都高于上海。在 GaWC 网络中，会计与法律行业，北京排名同样高于上海，但在金融服务、广告方面，上海排名高于北京。

表 5-9　香港、上海、北京不同 APS 行业类型网络连通度的世界排名

城市	金融服务	广告	会计	管理咨询	法律
香港	3	4	3	5	7
上海	7	8	14	23	11
北京	12	18	8	10	10

数据来源：GaWC 团队 Taylor（2012）。

第6章 内地赴港 IPO 企业与 ABS 企业之间服务网络形成的影响因素

6.1 引　　言

内地企业赴港 IPO 需要聘请来自全球金融中心的高级商业服务业企业（包括证券企业、法律企业、会计企业等）作为上市中介机构提供服务。不管是经济学领域，还是地理学领域，对于 IPO 中 ABS 企业布局及影响因素的研究都很有限。已有地理学研究对于企业 IPO 的经济行为只关注拟上市企业的总部分布（张凤梅等，2015）和上市目的地的选择（Pan and Brooker，2014），但针对 ABS 企业空间分布的研究还非常少。

GaWC 小组通过 APS 企业总部和分支机构的组织关系构建世界城市网络，但研究结果停留在简单的城市节点度排序上（Taylor，2004），从服务关系的角度探讨服务接受者对 ABS 企业所在地选择的影响因素的研究较少。

国际服务贸易理论为赴港 IPO 中 ABS 企业分布的影响因素的研究提供了重要的借鉴视角。服务业企业的集聚促进了城市或国家的国际服务贸易竞争力（何骏和郭岚，2013）。为内地企业赴港 IPO 提供服务的 ABS 企业的集聚是服务源地国家或城市对外服务贸易竞争力和服务源地与内地之间服务贸易关系的双重体现。大量研究利用贸易理论研究国家服务贸易竞争力的影响因素（宋加强和王强，2014），部分研究探讨了服务业贸易进口东道国选择的影响因素（宋丽丽，2008）。针对国际贸易关系中区位的因素，国际贸易研究较早地提出贸易引力模型（Tinbergen，1962；Poyhonen，1963），并在此基础上探讨了地理距离、文化距离、制度距离等因素对国家间国际贸易流量的影响。

本章研究借鉴国际服务贸易的视角对 ABS 企业服务频次进行研究，首次提出从服务源地的服务贸易竞争力、与内地的关系及距离因素的角度来探讨 ABS 服务来源地选择的影响因素。需要说明的是，根据 MSITS 的提议，本章考虑了 FATS 的贸易形式，因此本章 ABS 国别采用的地址为 ABS 企业全球总部所在地（2.4.1 节已详述）。

需要说明的是，受限于国外城市的统计数据缺乏，无法研究全球范围的城市网络的影响因素，进而以 ABS 服务来源国的服务频次为被解释变量，从国家尺度研究中国进口 ABS 服务来源国的影响因素。在由国家尺度 ABS 服务关系形成的"流"空间构建的网络中，某国为中国提供的 ABS 服务频次等于国家尺度企业间服务关系网络中的入度中心性。本章从宏观尺度讨论了由 ABS 服务流形成的国家服务网络中，国家的地域特点及国家之间的距离因素如何影响某个国家在网络中为中国提供服务的能力。

6.2　赴港 IPO 中 ABS 服务来源国选择影响因素的提出

国际服务贸易理论为赴港 IPO 中 ABS 企业分布的影响因素的研究提供了重要的借鉴视角。为内地企业赴港 IPO 提供服务的国家的 ABS 企业入度中心性既是服务源地对外服务贸易竞争力的体现，又是服务源地与中国内地服务贸易关系的体现。

6.2.1　不同国家的国际服务贸易竞争力

在国家提供服务贸易的能力的研究方面，大量研究发现影响一国服务贸易出口发展的因素众多，一般主要有经济规模、收入水平、服务业发展水平、货物贸易状况、服务业对外开放程度以及服务业利用 FDI 状况等（赵景峰和陈策，2006；李杨和蔡春林，2008；殷凤和陈宪，2009）。

从波特的钻石模型来看，具有高级生产性服务业的国际贸易竞争力的国家有以下特点：（1）生产要素。卢帕·昌达（Rupa Chanda，2009）比较了印度和发达国家，发现先进的技术水平是促进发达国家形成金融服务贸易国际竞争力的首要因素。（2）需求条件。一个地区经济发展程度越高，对 ABS 企业的需求也就越大。（3）相关产业与支持性产业。信息科技产业等其他第三产业的发展，为 ABS 企业的发展提供了支持性的环境（宋春玲，2014）。（4）企业战略、企业结构、同业竞争。克莱森斯和拉文（Claessens and Laeven，2004）认为一国金融服务贸易竞争力的高低受其国内部门的运行效率、技术创新甚至所生产出的产品的好坏和作出的决策影响。（5）机遇。机遇与产业结构和国家环境都无关。（6）政府。国家的服务贸易开放程度也是影响该国 ABS 企业服务贸易的重要因素。

大量研究通过服务业贸易显性比较优势指数（RCA，由某国某产品出口额占该国所有产品出口与世界该产品出口占所有产品出口的份额计算）和贸易竞争指数（TC，某国某产品进出口差额占进出口总额比例）等指标来测量一国的国际服务贸易竞争力，并采用波特的钻石模型来构建影响国际服务贸易竞争力的指标体系。

6.2.2　进口国际服务来源国选择的影响因素

针对国际贸易中距离的作用，丁伯根（1962）较早地提出贸易引力模型，探讨了地理距离对双边贸易流量的影响，后续的学者在此基础上发展出了文化距离、制度距离等因素。周念利（2010）利用扩展的引力模型对中国双边服务贸易的决定因素与出口潜力进行识别和测算，发现贸易双方的经济规模、经济发展水平、物理距离和是否使用共同语言均会对中国双边服务出口产生显著影响。因尚缺服务贸易统计数据，尤其是难以获得各细分行业的数据，基于引力模型开展的分行业服务贸易的一系列研究普遍研究服务统计数据较为丰富的发达国家。

在国际服务外包（service outsourcing）领域，少量研究对发包方对服务承接方的选择进行了探索。研究发现服务承接方或东道国的经济发展水平、市场规模、信息技术基础设施、劳动力成本和素质都显著影响了发包方的选择（Grossman and Helpman，2002；宋丽丽，2008）。

本章基于现有的国际贸易理论及少量国际服务外包来源国选择的实证研究，从四个层次提出了内地企业赴港 IPO 中中国进口国际 ABS 服务来源地选择的影响因素，进而反映国家尺度 ABS 入度中心性得分的影响因素。第一，从总体服务业出口来看，具有服务业总体出口比较优势的东道国更有可能对外出口服务；第二，具有 ABS 产业发展基础的东道国更可能对外出口 ABS 服务，在所有服务业行业中，ABS 行业属于知识密集型高级生产性服务业，高级人力资本、民用航空客流量等要素是高级商业服务发展的基础；第三，与中国的贸易合作基础更好的东道国更容易向中国出口服务；第四，地理距离、文化距离、制度距离等距离因素影响了东道国对中国的 ABS 服务出口。

受限于宏观统计数据，本章提出的影响因素不全面：首先，一部分国际贸易研究中常用的指标无法获取，只能以其他指标替代，比如本章直接以商业服务出口总体的比较优势（RCA）衡量国家的服务贸易竞争力，而不是根据波特钻石模型中提出的几方面要素来对竞争力进行解构。

其次，部分常见指标无法全面获取，因此没有纳入回归模型。比如大量研究强调了服务业 FDI 对服务贸易的重要性，但由于只有极少数国家的数据能够获取，而且不含具体到高级商业服务业的 FDI 数据，因此回归模型中并未加入这项指标。为弥补这个缺陷，讨论部分从城市尺度探讨了内地企业赴港 IPO 中 ABS 企业的 FDI 与服务贸易的关系。

6.2.3　距离因素

1. 地理距离

丁伯根（1962）提出了贸易引力模型，在货物进出口中，地理距离越远，成本越高，国际贸易流量与地理距离成反比。以往国际服务贸易的研究采用国际收支表的双边贸易数据，如 2.4.1 节所述，该统计数据不包含本章研究的 FATS 及自然人流动，因此，地理距离是否对本章研究的服务贸易同样起到负面作用有待探讨。

实际 IPO 业务中，地理距离是否是影响内地企业对 ABS 企业选择的因素有待探讨。一方面，近距离便于信息获取，面对面的交流是非常重要的交流方式（Storper and Venables，2004），可以降低成本。另一方面，由于 IPO 业务涉及高端的商业服务，专业服务人员往往采取航空的交通方式，因此地理距离的影响有可能不明显。此外，香港是证券市场所在城市，是本章研究的国际服务贸易的主要服务发生地，IPO 过程涉及在香港交易所提交各种报告及路演等流程，讨论距离的影响因素时，ABS 企业所在国与香港的距离也需要被考虑。

综上所述，本章选取中国与东道国之间的地理距离（记为 DISa）及东道国与香港之间的地理距离（记为 DISb）作为影响中国进口 ABS 服务的距离因素。大量研究以首都之间的地理距离表示。本章以球面距离计算两点之间的地理距离，计算公式如下：

$$\text{DIS}_{Jc} = 6\,371\,000 \times \arccos\left[\cos\beta_1\cos\beta_2\cos(\alpha_1 - \alpha_2) + \sin\beta_1\sin\beta_2\right] \quad (6.1)$$

式（6.1）中，DIS_{Jc} 为首都 j 与首都 c 之间的距离，α_1、β_1 分别为首都 j 的经纬度，α_2、β_2 分别为首都 c 的经纬度，6 371 000 为地球平均半径，单位为米。

2. 文化距离

大多学者认为，文化距离增加了经济主体间市场交易的难度（Elsass

and Veiga，1994），增加了贸易成本（Tadesse and White，2010），影响消费者选择（Ellis，2007），不利于国际贸易的市场活动。影响国际贸易行为的文化距离具体表现为风俗习惯、消费理念、语言差异等（Ellis，2007）。也有学者持反对意见，如曲如晓和韩丽丽（2010）认为文化距离有利于增加产品的多样性并使消费者获得更多的选择，有利于服务贸易联系。

实际 IPO 业务中，ABS 来源国与中国内地的文化差异越大，服务中信息交流成本就越高。因此，各国与中国内地的文化距离可能影响服务贸易流量；此外，香港是本章研究的国际服务贸易的主要服务发生地，因此，ABS 企业所在国与香港的文化距离也是非常重要的因素。

本章选取中国与东道国之间的文化距离（记为 CDISa）及东道国与香港的文化距离（记为 CDISb）作为影响赴港 IPO 中中国进口 ABS 服务的距离因素。Hofstede 根据权力距离、不确定性规避个人/集体主义、男性化/女性化、长期/短期倾向、自身放纵与约束等六个维度来衡量文化距离（2011），被广泛应用于文化距离的研究中，据此 Kogut 和 Singh（1988）构建了跨国文化距离测度模型。本章测量文化距离的公式如下：

$$\text{DCIS}_{jh} = \sum_{i=1}^{n} \left[\frac{(C_{ij} - C_{ih})^2}{CV_i} \right] \Big/ n \tag{6.2}$$

式（6.2）中，DCIS_{jh} 代表国家 j 与中国 h 之间的文化距离，C_{ij} 代表国家 j 在第 i 个文化维度上的指数，C_{ic} 代表中国在第 i 个文化维度上的指数，CV_i 代表第 i 个文化维度指数的方差，n 代表文化维度的数量。

3. 制度距离

在国际贸易中，不同国家的政治、法律和社会体制不同，可能导致一定风险，增大成本，从而降低贸易流量，但也有学者发现制度距离对于中国文化服务出口有推动作用（曹麦和苗莉青，2013）。

在实际 IPO 中，各国与中国内地的制度距离对 ABS 服务贸易的影响有待探讨，此外，香港是本章研究的国际服务贸易的主要服务发生地，因此，ABS 企业所在国与香港的制度距离也是非常重要的因素。

本章选取中国与东道国之间的制度距离（记作 IDISa）及东道国与香

港之间的制度距离（记作 IDISb）作为影响赴港 IPO 中进口 ABS 服务的距离因素。根据世界银行发布的 1999～2017 年全球治理指数（worldwide governance indicators），分别以话语权和问责制（voice and accountability）、政治稳定和预防暴力（political stability and absence of violence）、政府效能（government effectiveness）、管制质量（regulatory quality）、法制（rule of law）、控制腐败（control of corruption）六个维度量化国家或地区的制度。本章采用 WGI 的六个维度测算内地或香港地区与其他国家或地区的制度距离，测算公式如下：

$$IDIS_{jht} = \frac{|VAj_t - VAh_t|}{maxVAj_t - minVAj_t} + \frac{|PSj_t - PSh_t|}{maxPSj_t - minVAj_t} + \frac{|GEj_t - GEh_t|}{maxGEj_t - minGEj_t}$$

$$+ \frac{|RQj_t - RQh_t|}{maxRQj_t - minRQj_t} + \frac{|RLj_t - RLh_t|}{maxRLj_t - minRLj_t} + \frac{|CCj_t - CCh_t|}{maxCCj_t - minCCj_t}$$

$$(6.3)$$

式（6.3）中，$IDIS_{jht}$ 代表 t 年份 j 国与 h 国之间的制度距离。VA，PS，GE，RQ，RL，CC 分别代表全球治理指数的六个维度，j_t 表示 j 国家（地区）t 年份的治理指数值，h_t 表示中国内地 t 年份的治理指数值。

6.2.4　商业服务业总体出口比较优势

从总体服务业出口来看，具有全球服务业总体出口比较优势的来源国更有可能对外出口服务。出口显性比较优势指数（revealed comparative advantage）常被用于显示某国出口某产品在世界上的竞争力，由某国某产品出口额占该国所有产品出口与世界该产品出口占所有产品出口的份额计算。

本章通过商业服务出口额和货物与服务出口总额两项指标计算得到各国商业服务业出口显性比较优势指数（记作 RCA）。

$$RCA = \frac{\text{某国商业服务出口额/该国所有货物与服务出口额}}{\text{全球商业服务出口额/全球所有产品出口额}} \quad (6.4)$$

6.2.5 高级商业服务业行业发展基础

在所有商业服务业中，来源国具有的高级商业服务业发展资源禀赋越强，则越具有国际贸易竞争力，越有可能对外出口 ABS 服务。在强调 ABS 企业作用的世界城市文献中，高级人力资本、机场客流量、人均 GDP 常常被用于反映某地的高级商业服务业的发展要素和该地作为全球服务与控制中心的衡量标准（Derudder and Witlox，2005；Pereira and Derudder，2010）。

高级商业服务业是知识密集型产业，高水平和高素质的专门人才是重要生产要素。本章选取受过高等教育的人口比例作为高级人力资本的参考变量（记作 EDU）。

高级商业服务业中信息和人才的流动非常频繁，因此，良好的交通设施也是重要的生产要素，特别是航空类型的交通是高级商业服务业中最重要的基础设施。本章选取机场客流量作为自变量之一（记作 AIR）。

一个国家总体经济发展水平越高、居民收入水平越高，则国内对 ABS 企业的需求市场也就越大，国内 ABS 企业竞争发展越快，产生规模经济与集聚经济，则越倾向于对外出口服务贸易。本章选取人均国内生产总值作为自变量之一（记作 AGDP）。

6.2.6 与中国的服务贸易关系

中国进口 ABS 服务的来源国选择受到东道国与中国服务贸易关系的影响。签订了自由贸易协定的国家之间相互取消了大部分关税和非关税壁垒，促进了商品、人员、技术、资本等生产要素的自由流动（高彦军，2013）。但自由贸易协定的签署是否会对服务贸易产生影响目前还没有定论，因为多数自由贸易协定中并不涉及服务贸易自由化的内容（周念利，2010），自由贸易协定是否影响本章中的服务贸易流量有待探讨，为探讨这个问题，将是否与中国签订自由贸易协定作为自变量之一（记作 RTA）。

6.3　模型建立与回归方法

6.3.1　模型建立

已有的国际贸易文献多采用一般线性回归模型或改进的引力模型来探讨国际贸易流量中的区位因素（周念利，2010；Tinbergen，1962）。结合贸易引力模型，及本章提出的上述影响因素，以各国为中国提供 ABS 服务的频次为被解释变量，以各国与中国内地及香港的文化距离、地理距离和制度距离为主要解释变量，构建以下模型：

$$\log(\text{ABC})_{it} = \varepsilon_{it} + b_1\log(\text{RCA})_{it} + b_2\log(\text{AGDP})_{it} + b_3\log(\text{EDU})_{it}$$
$$+ b_4\log(\text{AIR})_{it} + b_5\text{RTA}_{it} + b_6\log(\text{DIS})_i + b_7\log(\text{CDIS})_i$$
$$+ b_8\log(\text{IDIS})_{it} + \mu_i \tag{6.5}$$

被解释变量 ABC_{it} 是在年份 t 时，某个国家 i 为中国内地企业赴港 IPO 提供 ABS 服务的频次（见表 6 - 1）。是否缔结自由贸易协定（RTA 变量）为虚拟变量，因此不取对数。b 为各个解释变量的系数。ε_{it} 为随个体随时间而改变的扰动项，且与 μ_i 不相关。μ_i 为不随时间改变的扰动项，如果 μ_i 与解释变量有关，则采用固体效应模型，如果 μ_i 与解释变量不相关，则采用随机效应模型，通过豪斯曼检验确定面板回归具体采用的模型。

表 6 - 1　　　　国家尺度 ABS 服务来源地影响因素的变量选取

变量	变量含义	理论含义	数据来源
ABS_{it}	t 年份东道国或地区 i（ABS 企业总部所在地）为中国内地企业提供 ABS 服务的频次	因变量	本章构建的 1999 ~ 2017 年内地企业赴港 IPO 数据库

续表

变量	变量含义	理论含义	数据来源
RCA_{it}	t 年份东道国 i 商业服务业总体出口比较优势指数	对外出口商业服务业的总体优势	世界银行，根据式（6.1）算得
Edu_{it}	t 年份东道国 i 受过高等教育人口比例（%）	高级商业服务业发展基础	世界银行
Air_{it}	t 年份东道国 i 机场流量民用航空客运量（人）		世界银行
$AGDP_{it}$	t 年份东道国 i 人均 GDP（美元）		世界银行
RTA_{it}	t 年份东道国 i 是否与中国内地缔结自由贸易协定	与中国的服务贸易关系	商务部新闻官网，时间按签订协议之日算起。有记为 1，没有记为 0
DIS_{ai}	东道国 i 与中国内地的地理距离（千米）	距离因素	各国首都与中国首都之间的球面距离，根据式（6.2）算得
$CDIS_{ai}$	东道国 i 与中国内地的文化距离		根据霍夫斯泰德网站 Hofstede 六维度指数，由文化距离计算公式测得
$IDIS_{iat}$	t 年份东道国 i 与中国内地的制度距离		根据世界银行 1999~2017 年发布的"全球治理指数"，由制度距离计算公式测得
DIS_{ib}	东道国 i 与香港的地理距离（千米）		各国首都与香港的球面距离，根据式（6.2）算得
$CDIS_{ib}$	东道国 i 与香港的文化距离		霍夫斯泰德网站 Hofstede[①] 六维度指数，由文化距离计算公式测得
$IDIS_{ibt}$	t 年份东道国与香港的制度距离		根据世界银行 1999~2017 年发布的"全球治理指数"，由制度距离计算公式测得

---

① Hofstede 文化六维度指数来自网站，https：//geerthofstede.com/culture – geert – hofstede – gert – jan – hofstede/6d – model – of – national – culture/；version：2015 – 12 – 08。

6.3.2　缺失值处理与描述性统计

1. 各国 ABS 服务频次统计

在本章构建的内地赴港 IPO 数据库中，为中国内地赴港 IPO 提供服务的 ABS 企业总部分布在 42 个国家和地区（包括中国内地、香港地区）。总的来看，中国内地的 ABS 企业服务频次最多，其次为香港地区、美国、英国、百慕大等。

2. 缺失值处理

一共有 42 个国家，1999～2017 年共 19 年，总样本数应为 798。RTA、IDIS 与 DIS 是样本完整的自变量。

首先，删除完全缺失多个变量数据的国家或地区。自变量 RCA、CDIS、AGDP、AIR 在所有年份均完全缺失开曼群岛、百慕大与 BVI 的数据（见表 6 - 2），同样地，AIR 数据中的台湾地区、CDIS 数据中的澳门地

表 6 - 2　　　　　　　　　自变量原始数据缺失情况

自变量	数据类型	国家或地区数量	总样本	缺失样本数量大于 50% 的国家或地区
RTA	面板数据	42	798	样本完整
RCA		39	693	开曼群岛、百慕大、BVI
AGDP		39	739	
EDU		39	514	开曼群岛、BVI、台湾地区、新加坡
AIR		39	715	开曼群岛、百慕大、BVI、台湾地区
IDISa	截面数据	42	798	样本完整
IDISb		42	798	
DISa		42	42	
DISb		42	42	
CDISa		35	35	开曼群岛、百慕大、BVI、文莱、
CDISb		35	35	柬埔寨、加蓬、澳门地区、缅甸

区在统计数据中完全缺失，因此，与其他国际贸易引力研究一样，本章在回归时直接删除这五个地区。

其次，采用线性插值与回归插值补齐部分变量。本章选取的自变量 EDU、AGDP 具有随时间增长的特性，对于每个自变量中缺失样本数量小于50%的国家或地区，采用时间序列中的邻近数据通过线性插值的方式进行补齐。对于缺失样本数大于50%的地区，如 EDU 中的新加坡有1999年与2016年两年的数据，在这两年中，新加坡受高等教育人口比例都位于全球前列，本章按照全球各国 EDU 总样本每年随时间变化的增量的速度对新加坡 EDU 采用回归插值的方式进行补齐。

最后，以区域平均值补齐 CDIS 变量。在霍夫斯泰德（Hofstede）于2015年12月8日公布的文化六维度的量表中，缺失了东南亚的部分国家与少部分非洲国家。而且，2020年4月 Hofstede 文化六维度的网站只列出了2015年的量表，并未公布其他时间段的六维度数据。由于一个国家的文化在短时间内具有稳定性，本章采用2015年的文化维度代表1999~2017年各国的文化维度。对于缺失数据的国家，由于大部分东南亚国家的文化具有相似性，本章采用 Hofstede 测度的所有东南亚国家的平均值来代替，其中以中南半岛国家的平均值代替柬埔寨与缅甸，以马来群岛国家的平均值代替文莱。同样地，对于非洲西部国家加蓬，Hofstede 公布的文化六维度的量表中对所有非洲西部国家的文化维度进行了综合评价，本章以非洲西部国家的数据代替加蓬。

3. 变量描述性统计

对缺失数据进行插补并且删除开曼群岛、百慕大、BVI 等样本之后，共37个国家和地区（包含中国内地和香港地区），各变量描述性统计值如表6-3所示。

表6-3 变量描述性统计

变量	观测值	平均值	标准差	最小值	最大值
country	703	21.24324	11.80947	1	42
year	703	2008	5.481125	1999	2017

续表

变量	观测值	平均值	标准差	最小值	最大值
ABS	703	11.02703	35.84881	0	379
EDU	703	43.51941	24.66302	1.759551	91.17637
AGDP	703	20 691.8	19 945.2	159.448	88 898.74
RCA	703	1.082061	2.616807	0.0005893	19.07007
RTA	684	0.256046	0.436758	0	1
AIR	703	5.68E+07	1.22E+08	8592	8.49E+08
DISa	684	6 803.116	3 543.913	0	17 598.77
DISb	684	7 072.835	4 634.52	0	18 052.83
IDISa	684	1.669839	0.9812271	0	3.563559
IDISb	684	1.596681	1.028244	0	4.349246
CDISa	684	2.484763	1.628332	0	6.873896
CDISb	684	1.899069	1.246133	0	4.620881

根据各个变量的皮尔森相关系数可知（见表 6-4），地理距离与文化距离有一定的相关性。除某国与中国内地的制度距离与服务贸易频次呈较弱的正相关外，其余的距离因素与服务贸易频次均呈负相关。各国到中国内地的地理距离与到香港的地理距离呈中等程度正相关，各国与中国内地的文化距离与其到香港的文化距离高度正相关，而各国到中国内地的制度距离与各国到香港的制度距离呈高度负相关。

表 6-4　　　　　　　　　　　**距离变量的皮尔森相关系数**

变量	ABS	lgDISb	lgIDISb	lgCDISb	lgDISa	lgIDISa	lgCIDSa
ABS	1						
lgDISb	-0.0659	1					
lgIDISb	-0.021	-0.2793	1				
LgCDISb	-0.1487	0.6799	-0.3804	1			

变量	ABS	lgDISb	lgIDISb	lgCDISb	lgDISa	lgIDISa	lgCIDSa
lgDISa	− 0.1034	0.6762	0.0115	0.2812	1		
lgIDISa	0.2867	0.2401	− 0.8584	0.2909	0.0318	1	
lgCDISa	− 0.1819	0.6624	− 0.2302	0.9466	0.4658	0.0899	1

从地理距离看来，中国内地与东亚各国的地理距离最近，与美洲、非洲国家的地理距离最远，中国的东南亚邻国对中国内地的地理距离及各国对香港地区的地理距离差别最大，除此之外，离中国内地地理距离越远的国家，到中国内地或到香港地区的距离的偏差越小。从文化距离来看，与地理距离相似，中国内地与东亚各国文化距离最小，而与非洲的文化距离最大，而且除东亚各国外，大部分国家到中国内地的文化距离普遍比各国到香港地区的文化距离大很多（见表 6 – 5）。从制度距离来看，中国内地与东亚、东南亚、非洲的发展中国家制度相近，而香港地区与英国、美国的西方发达国家制度相近。

表 6 – 5   2015 年各国与中国内地和香港地区的地理、文化、制度距离

国家或地区	地理距离（千米）		文化距离		制度距离	
	中国内地	香港地区	中国内地	香港地区	中国内地	香港地区
中国内地	0	1 969.906	0.000	0.318	0.000	2.735
香港地区	1 969.906	0	0.318	0.000	2.735	0.000
澳门地区	1 988.323	66.27103	/	/	2.095	0.767
韩国	952.3524	2 094.731	1.537	1.739	1.649	1.145
日本	2 098.914	2 886.817	2.212	2.624	2.561	0.431
越南	2 325.624	871.0662	0.668	0.265	0.423	2.467
菲律宾	2 850.095	1 117.315	1.350	0.906	0.696	2.372
泰国	3 295.54	1 723.183	2.017	1.190	0.596	2.605
柬埔寨	3 350.748	1 548.885	1.342	0.728	0.775	2.737

续表

国家或地区	地理距离（千米）		文化距离		制度距离	
	中国内地	香港地区	中国内地	香港地区	中国内地	香港地区
文莱	3 936.52	1 975.209	0.963	0.357	1.608	1.287
南非	12 948.487	11 865.393	6.206	4.621	1.043	1.763
马来西亚	4 348.710	2 519.860	1.378	1.195	1.217	1.518
新加坡	4 471.941	2 583.547	0.560	0.520	2.792	0.408
西班牙	9 218.165	10 537.94	2.374	1.733	1.769	1.236
印度尼西亚	5 216.879	3 264.412	0.562	0.399	0.559	2.322
伊朗	5 604.585	6 182.508	2.525	1.348	0.611	3.270
比利时	5 664.707	9 388.258	2.763	2.832	2.471	0.708
巴西	17 598.771	18 052.83	1.955	1.521	0.739	2.053
俄罗斯	5 793.849	7 143.372	1.985	2.079	0.637	3.080
德国	7 357.503	8 752.006	1.911	1.723	2.762	0.527
荷兰	7 819.046	9 269.29	3.958	3.187	2.952	0.485
瑞士	7 981.511	9 303.662	2.407	2.209	3.170	0.630
埃及	8 125.144	9 280.118	6.874	4.589	0.757	3.249
意大利	8 112.017	9 264.74	2.139	1.727	1.516	1.484
英国	8 134.664	9 618.454	3.271	2.632	2.697	0.548
法国	8 216.934	9 629.271	2.458	2.131	2.118	0.970
爱尔兰	8 286.025	9 855.219	3.505	2.438	2.786	0.366
澳大利亚	9 007.722	7 385.93	4.327	3.228	2.853	0.424
加拿大	3 347.829	4 320.838	3.343	2.422	3.029	0.500
孟加拉国	3 013.289	2 425.442	0.832	0.444	0.903	3.053
缅甸	2 944.655	1 874.376	1.342	0.728	0.893	3.402
新西兰	10 780.22	9 426.873	4.196	3.151	3.331	0.713
印度	3 781.429	3 763.061	0.707	0.285	0.817	2.321
赞比亚	10 940.58	10 239.18	5.916	4.173	0.778	2.049
美国	10 976.17	12 945.72	3.966	2.941	2.418	0.620
加蓬	11 322.32	11 333.31	3.191	2.375	0.677	2.557

续表

国家或地区	地理距离（千米）		文化距离		制度距离	
	中国内地	香港地区	中国内地	香港地区	中国内地	香港地区
百慕大	11 984.54	13 942.95	/	/	1.977	0.758
墨西哥	12 458.02	14 131.49	3.948	3.702	0.774	2.419
BVI	13 528.69	15 486.36	/	/	1.859	1.041
厄瓜多尔	15 328.37	17 183.37	2.927	1.806	0.962	2.628
开曼群岛	13 183.102	15 097.938	/	/	2.079	0.743

注：与中国的地理距离由各国首都与北京的经纬度球面距离得到；文化距离为霍夫斯泰德网站发布的 2015 年文化距离六个维度指标按照式（6.4）计算得到；制度距离为世界银行发布的 2015 年全球治理指数六个维度指标按照式（6.5）计算得到。"/"表示数据来源欠缺的国家。

6.3.3 面板回归方法

本章考察的核心解释变量为距离因素。由于本章研究中国进口国际 ABS 服务来源地的影响因素，回归模型中不考虑来自内地的 ABS 服务，但内地 ABS 服务占比较大，后文单独讨论中资 ABS 企业服务（共 19 个样本）。来自香港的 ABS 服务数量占比较大，因此在考察各国与中国内地的距离因素对 ABS 服务贸易来源国（地区）的影响时，本章也考虑了来自香港的 ABS 服务（共 19 个样本），后文在考虑各国与香港距离因素的作用时，则排除了来自香港的 ABS 服务。

贸易流量为零值的回归方法处理是近年来国际贸易引力模型研究中重点讨论的问题。一部分学者取 0～1 之间较小的数代替贸易零值，并放入传统贸易引力模型中，进行双对数模型 OLS 估计。另一部分学者采用 Tobit 回归模型（Rose，2004）及泊松伪最大似然估计（Silva and Tenreyro，2006）来进行研究。因变量中也含有大量的零值，本章分别采用传统贸易引力模型取 0.025 并取对数代替贸易零值，以及采用 Tobit 模型直接将零值纳入回归进行分析，第一种方法为式（6.4）。第二种方法对于因变量 ABS

不取对数，假定在 0 处存在左归并，可以观测到：

$$\mathrm{ABS}_{it} = \begin{cases} \mathrm{ABS}_{it}^*, & \text{若 } \mathrm{ABS}_{it}^* > 0 \\ 0, & \text{若 } \mathrm{ABS}_{it}^* \leqslant 0 \end{cases} \qquad (6.6)$$

本章采用两种方法得到的各个变量的系数具有一致性，这在一定程度上说明了回归模型的稳健性。第一种回归方法的步骤，首先采用 Stata 的 reg 命令进行混合回归作为参照。其次，采用 xtreg, fe 进行固定效应回归，地理距离与文化距离反映了个体的特性，而且不随时间变化，因此被固定效应回归模型排除。再次，采用 xtreg, re 命令进行随机效应回归。最后，采用 xttest0 进行 LM 检验及 MLE 估计，检验强烈拒绝"不存在个体随机效应"的原假设；同样地，采用豪斯曼检验对比随机效应与固定效应（见图 6-1），结果接受原假设"μ_i 与解释变量不相关"，因此，本章选用随机效应回归。但这种方式修改了实际的数据，受到部分学者的质疑，后文主要展示采用 Tobit 模型进行随机效应面板回归的过程。

	(b) FE	(B) RE	(b－B) Difference	sqrt(diag(V_b－V_B)) S.E.
lgagdp	0.776484	0.7774597	－0.0009757	0.106461
lgrca	－0.048647	0.0471554	－0.0958024	0.0713559
lgedu	0.0693358	－0.0285463	0.0978821	0.0790103
lgair	0.1067188	0.1405676	－0.0338488	0.0615087
rta	0.0974027	0.1241322	－0.0267295	0.0586137
lgidisa	0.4411248	0.5307014	－0.0895766	0.1704611
_cons	－11.09112	－10.74006	－0.3510629	.

```
                b = consistent under Ho and Ha; obtained from xtreg
                B = inconsistent under Ha, efficient under Ho; obtained from xtreg

    Test:  Ho:  difference in coefficients not systematic

          chi2(7) = (b-B)'[(V_b-V_B)^(-1)](b-B)
                  =        5.51
        Prob > chi2 =      0.5977
        (V_b-V_B is not positive definite)
```

图 6-1　一般线性面板回归的随机效应与固定效应豪斯曼检验

6.4 回 归 结 果

6.4.1 进口 ABS 服务来源地选择的影响因素

采用 Stata 的 xttobit，ll(0) nolog tobit 命令进行回归，所有模型 Prob > chi2 等于零意味着模型不存在异方差。

首先观察反映各国服务贸易竞争力及贸易关系的五个解释变量（模型 1～模型 5）。由于这些变量有一定的相关性，控制距离因素，将前五个自变量分别回归，结果显示五个解释变量的系数方向均为正，只有自由贸易协定（RTA）结果不显著。商业服务业出口比较优势（RCA）、人均 GDP、机场客流量（AIR）、高等受教育人口比例（EDU）分别显著正向促进了各国向中国内地出口的 ABS 服务流量。

核心解释变量距离因素在模型 1～模型 5 中大部分系数不显著，这是因为三种距离因素存在相关性导致的。只有制度距离在回归模型 2～模型 5 中的显著为正，这与原假设不符，在已有文献中也没有理论对应，从数据结构来分析，与中国内地制度距离大的国家，如美国、欧洲等国家对中国提供的 ABS 服务更多。

控制非距离因素变量，分别对三种距离因素进行回归（模型 6～模型 12）。文化距离在所有模型中显著为负。虽然地理距离系数在所有模型中为负，但是并不显著（以模型 6 为例，其他不显著的模型在表 6－6 中并未列出）；同样地，制度距离系数在所有模型中为正，但是并不显著（以模型 7 为例）。也就是说，在三种距离中，文化距离显著负面影响了各国对中国内地出口 ABS 服务，而地理、制度距离的影响不显著。以文化距离为核心解释变量，考察具有相同地理、制度距离的情况下，文化距离对 ABS 服务贸易的影响（模型 13 与模型 14），结果显示，文化距离依然显著为负，即

表 6 - 6　中国进口 ABS 服务来源国选择的影响因素的回归结果

变量	(1) abs	(2) abs	(3) abs	(4) abs	(5) abs	(6) abs	(7) abs	(8) abs	(9) abs	(10) abs	(11) abs	(12) abs	(13) abs	(14) abs
lgdisa	-0.515 (-0.06)	-5.088 (-0.67)	-2.242 (-0.29)	-4.942 (-0.60)	-1.639 (-0.20)	-7.416 (-1.06)							-0.789 (-0.11)	
lgcdisa	-14.46* (-2.12)	-8.857 (-1.35)	-8.264 (-1.28)	-4.601 (-0.65)	-9.874 (-1.44)			-13.48* (-2.26)	-14.23* (-2.44)	-14.33* (-2.39)	-15.07* (-2.57)	-14.57* (-2.42)	-13.17* (-1.98)	-13.31* (-2.23)
lgidisa	2.031 (0.32)	12.24* (2.00)	14.11* (2.47)	16.83** (2.72)	11.86* (1.98)		3.728 (0.54)							3.073 (0.45)
lgagdp	15.63*** (5.71)					15.71*** (4.55)	14.64*** (3.86)	16.70*** (4.89)	16.76*** (4.89)	14.16*** (4.68)	15.03*** (5.73)	16.03*** (6.51)	16.70*** (4.89)	15.97*** (4.24)
lgrca		5.076* (2.55)				0.564 (0.22)	-0.0931 (-0.03)	1.300 (0.52)	0.953 (0.39)	1.219 (0.50)	1.950 (0.94)		1.295 (0.52)	0.829 (0.31)
lgair			8.552*** (4.63)			4.587 (1.47)	5.373 (1.61)	3.757 (1.21)	3.911 (1.27)	1.519 (0.56)			3.761 (1.21)	4.283 (1.29)
lgedu				15.84*** (3.67)		-11.59 (-1.71)	-11.45 (-1.69)	-11.04 (-1.65)	-10.54 (-1.59)				-11.09 (-1.65)	-11.21 (-1.68)

续表

变量	(1) abs	(2) abs	(3) abs	(4) abs	(5) abs	(6) abs	(7) abs	(8) abs	(9) abs	(10) abs	(11) abs	(12) abs	(13) abs	(14) abs
rta					7.115 (1.70)	3.761 (0.83)	4.509 (1.00)	2.393 (0.53)					2.363 (0.52)	2.451 (0.54)
_cons	-144.1* (-1.96)	40.02 (0.62)	-135.7 (-1.83)	24.62 (0.35)	-53.64 (-0.75)	-129.3 (-1.65)	-200.0*** (-4.21)	-180.1*** (-3.85)	-184.3*** (-3.99)	-157.9*** (-3.68)	-139.0*** (-5.32)	-151.4*** (-6.53)	-173.3* (-2.18)	-183.4*** (-3.88)
sigma_u _cons	24.32*** (7.69)	23.53*** (7.57)	23.39*** (7.54)	25.44*** (7.45)	24.76*** (7.68)	23.86*** (7.54)	24.04*** (7.47)	22.66*** (7.48)	22.81*** (7.49)	23.52*** (7.56)	23.62*** (7.52)	24.40*** (7.73)	22.65*** (7.48)	22.57*** (7.44)
sigma_e _cons	19.33*** (21.22)	19.79*** (20.96)	19.62*** (21.09)	19.70*** (21.00)	19.78*** (21.05)	19.32*** (21.10)	19.31*** (21.09)	19.31*** (21.12)	19.30*** (21.14)	19.39*** (21.16)	19.38*** (21.17)	19.33*** (21.23)	19.31*** (21.12)	19.30*** (21.11)
N	684	684	684	684	684	684	684	684	684	684	684	684	684	684

注：*** 表示 $p < 0.01$，** 表示 $p < 0.05$，* 表示 $p < 0.1$，括号内为 t 统计量，回归样本不包含中国内地。

在各国与中国内地地理、制度距离相同时，与中国内地有较小的文化距离的国家更能促进对中国内地的 ABS 服务。

本章考察的 ABS 服务贸易是基于香港交易所的上市事件，服务发生地也包括香港地区，采用同样的方法（模型 15 ～ 模型 16）探索各国与香港地区的距离因素是否影响了各国对中国内地的 ABS 服务贸易。由于各国到香港地区的距离与各国到中国内地的距离高度相关，所得结果与各国到中国内地的距离具有相似性，即文化距离显著为负，制度距离系数为正但不显著。不同的是，各国到香港地区的地理距离的负面影响是显著的，从数据结构上来看，部分原因是选取首都之间的球面距离反映国家之间的物理距离在研究中可能不具备代表性，忽略了边界相邻的性质。

在控制各国与中国内地的距离因素（模型 18 ～ 模型 20）的条件下（见表 6 - 7），各国与香港的三种距离系数均为负，即在各国与中国内地的三种距离相同时，与香港有更小距离的国家对中国内地的 ABS 服务更多，其中制度距离影响显著。

表 6 - 7　中国进口 ABS 服务来源国选择——与香港的距离因素回归结果

变量	(15) abs	(16) abs	(17) abs	(18) abs	(19) abs	(20) abs
abs						
lgdisb	- 31. 40 * (- 2. 45)			- 12. 14 * (- 1. 96)		
lgcdisb		- 36. 89 ** (- 2. 89)			- 15. 89 (- 1. 13)	
lgidisb			6. 915 (1. 08)			- 9. 072 * (- 2. 41)
lgdisa				13. 96 * (1. 87)		

续表

变量	(15) abs	(16) abs	(17) abs	(18) abs	(19) abs	(20) abs
lgcdisa					16.13 (1.01)	
lgidisa						−8.301 (−1.47)
lgagdp	21.45 *** (3.44)	22.62 *** (3.63)	21.11 ** (3.18)	10.85 *** (3.93)	10.46 *** (3.66)	7.901 * (2.55)
lgrca	−1.897 (−0.44)	−1.623 (−0.39)	−3.253 (−0.75)	0.594 (0.30)	0.460 (0.22)	0.814 (0.37)
lgair	−0.577 (−0.11)	−2.157 (−0.42)	−0.0477 (−0.01)	4.140 (1.73)	3.622 (1.45)	3.011 (1.17)
lgedu	52.27 *** (4.53)	53.07 *** (4.67)	52.61 *** (4.54)	−0.0733 (−0.01)	0.791 (0.13)	0.937 (0.16)
rta	−10.74 (−1.60)	−10.13 (−1.53)	−7.639 (−1.14)	−0.0392 (−0.01)	1.568 (0.40)	2.772 (0.76)
_cons	−124.6 (−0.98)	−367.3 *** (−5.57)	−406.5 *** (−6.00)	−196.9 *** (−3.32)	−176.8 *** (−4.63)	−132.9 *** (−3.37)
sigma_u _cons	57.70 *** (6.73)	56.42 *** (6.85)	60.16 *** (6.55)	16.53 *** (6.71)	17.30 *** (6.71)	16.94 *** (6.85)
sigma_e _cons	24.27 *** (20.56)	24.21 *** (20.66)	24.26 *** (20.49)	15.13 *** (20.31)	15.11 *** (20.33)	14.99 *** (20.30)
N	684	684	684	665	665	665

注：*** 表示 p < 0.01，** 表示 p < 0.05，* 表示 p < 0.1，括号内为 t 统计量。

6.4.2 国外 ABS 企业直接服务与通过香港"间接"服务

通过区分是否由 ABS 企业总部所在地直接提供服务，将全球企业为中国提供 ABS 服务贸易的模式分为五种：别国通过香港间接为中国内地提供服务、别国直接为中国内地提供服务、中国内地 ABS 企业通过香港间接为中国内地服务、中国内地 ABS 企业直接为中国内地提供服务、香港企业直接为中国内地提供服务。为探讨国外 ABS 企业为中国内地提供 ABS 服务时香港的作用，本节内容重点探讨两种模式：一是直接向中国内地提供服务，IPO 过程中涉及的空间主体主要是 ABS 企业总部、中国内地、香港交易所；二是通过设立在香港等全球城市的分支机构为中国内地企业提供服务（见图 6 - 2）。

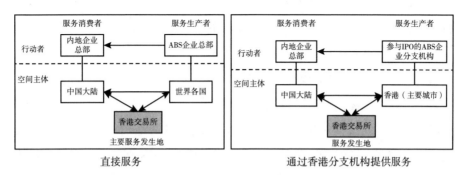

图 6 - 2　内地企业赴港 IPO 中两种不同类型服务示意

本节内容以各国与中国内地的距离及各国与香港的距离为核心解释变量，探讨不同服务模式与距离因素的关系，反映了香港在中国内地对外服务贸易中的作用。在数据处理时，首先排除了 ABS 企业总部在香港的频次，总部位于香港的 ABS 服务共 1 837 次，占所有服务频次的 21.8%；其次，若 ABS 企业总部所在地与参与 IPO 的 ABS 企业分支机构所在地一致，则将这次服务计作 Drabs，若两地不一致，且后者为香港，则计作通过香港"间接"提供服务。Indrabs 在一定程度上体现了各国对香港在高级商业服务业上的直接外商投资，根据邓宁国际直接投资理论，当各国在证券、法律或会计等行业上拥有所有权优势、内部化优势时，则开始进行出口贸易，当香港具有靠近市场、人力资本集中等区位优势时，则选择在香港进行直接投资（见表 6 - 8）。

表 6 - 8　　　　　　　　　　直接服务与间接服务描述性统计

变量	观测值	平均值	标准差	最小值	最大值	总计
Drabs	779	1. 301669	8. 622034	0	89	1 040
Indrabs	779	7. 150193	23. 97249	0	290	5 570

　　下列 Pearson 相关系数（见表 6 - 9）初步说明了这两种服务模式与距离因素的关系。Drabs 代表 ABS 服务来源国直接为中国内地提供 ABS 服务的频次；Indrabs 代表 ABS 服务来源国通过香港间接为中国内地提供 ABS 服务的频次。Rate 代表 ABS 服务来源国通过香港分支机构为中国内地提供 ABS 服务的频次占为中国内地提供所有 ABS 服务频次的比例。除了到香港的制度距离对 Rate 的系数符号为负，其他的距离因素对 Rate 的系数符号均为正，即到香港的制度距离越小或到中国内地制度距离越大的国家，越可能通过香港间接提供服务。到中国内地或香港的地理距离越小的国家，直接服务越多，通过香港的间接服务越少。到中国内地文化距离越大或到香港文化距离越小的国家，直接服务越少，间接服务越多。

表 6 - 9　　　　直接服务、间接服务与距离因素的 Pearson 相关系数

变量	lgDISa	lgCDISa	lgIDISa	lgDISb	lgCIDSb	lgIDISb	Rate	Drabs
Rate	0. 2299	0. 0677	0. 45	0. 4244	0. 2732	− 0. 3852	1	
Drabs	− 0. 0254	0. 0128	0. 1185	− 0. 1249	− 0. 2731	0. 1487	− 0. 1779	1
Indrabs	0. 1884	0. 146	0. 2649	0. 0313	− 0. 0924	− 0. 08	0. 037	0. 7139

　　控制非距离因素变量，采用 Tobit 面板回归模型，分别逐个考察到中国内地的三种距离对直接服务 Drabs、间接服务 Indrabs 的影响，发现影响都不显著（表 6 - 10 未展示出不显著的回归模型）；考察到香港的距离因素，直接服务不受到香港的距离因素影响，而间接服务流量受到各国与香港的地理距离（模型21）、文化距离（模型22）的显著负面影响。考察

三种距离对 Rate 的影响，发现 Rate 受到制度距离影响显著（模型 23 ~ 模型 24），东道国到中国内地的制度距离系数显著为正，到香港的制度距离显著为负，各国到香港的制度距离比到中国的制度距离小，这侧面说明了通过在香港设立分支机构为中国内地提供服务可以减少制度距离带来的负面影响。

表 6 - 10　　　　　　　间接服务与间接服务占比的回归结果

变量	(21) indrabs	(22) indrabs	(23) rate	(24) rate
main				
lgdisb	− 33. 61 ** (− 3. 05)			
lgcdisb		− 41. 46 *** (− 3. 69)		
lgidisa			0. 309 * (2. 13)	
lgidisb				− 0. 00857 * (− 0. 14)
lgagdp	16. 48 ** (2. 80)	17. 50 ** (3. 01)	0. 0348 (0. 52)	0. 0607 (0. 95)
lgrca	3. 634 (0. 95)	4. 917 (1. 29)	0. 107 * (1. 98)	0. 146 ** (3. 18)
lgair	0. 498 (0. 10)	− 0. 966 (− 0. 19)	− 0. 0658 (− 1. 04)	− 0. 131 * (− 2. 39)
lgedu	40. 13 *** (3. 73)	41. 58 *** (3. 93)	− 0. 187 (− 1. 36)	0. 0136 (0. 13)
rta	− 11. 86 (− 1. 92)	− 11. 44 (− 1. 87)	− 0. 123 * (− 1. 96)	− 0. 147 * (− 2. 45)
_cons	− 44. 15 (− 0. 39)	− 305. 0 *** (− 4. 70)	2. 060 * (2. 40)	2. 356 ** (3. 15)

续表

变量	（21） indrabs	（22） indrabs	（23） rate	（24） rate
sigma_u _cons	45.28 *** （5.82）	42.44 *** （5.95）	0.510 *** （5.62）	0.521 *** （5.82）
sigma_e _cons	21.67 *** （20.01）	21.58 *** （20.15）	0.194 *** （18.33）	0.189 *** （19.31）
N	684	684	226	245

注：*** 表示 $p < 0.01$，** 表示 $p < 0.05$，* 表示 $p < 0.1$，括号内为 t 统计量。

国外企业通过香港为中国内地间接提供服务的比例，从 2000 年的占比 95% 以上逐渐下降到 2008 年的 80% 以下，随后又缓慢上升至 2017 年的 85% 以上（见图 6-3）。这表明，通过香港间接服务的模式一直以来都占据主导地位，随时间变化的波动较小。香港在国外企业服务中国内地企业中所起的中介作用依然重要。

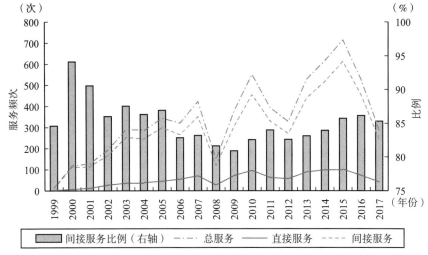

图 6-3　随时间变化的国外 ABS 企业直接服务与通过香港间接服务

注：不包含中国内地 ABS 企业提供的服务。

以 2008 年为界，将面板数据分成两个时段，观察不同服务模式下贸易流量对距离因素的响应，发现符号特征的差异不大。这反映了国外企业 ABS 服务贸易模式对于距离因素的响应比较稳定，随时间变化的波动较小。

6.4.3　中资 ABS 企业服务

本章探讨国际服务贸易，构建的回归模型没有将中资 ABS 企业纳入考虑。然而，由第 4 章可知，随着时间变化，在中国内地企业赴港上市的过程中，中资 ABS 企业占据着越来越重要的地位。本节内容重点探讨中资 ABS 企业提供的 ABS 服务。

由第 4 章可知，总体来看，为中国内地提供服务的 ABS 企业大部分是外资企业，其次为港资企业和中资企业。随着时间的变化，中资 ABS 企业的市场份额越来越大。以 2008 年为分界点，国外 ABS 企业比例急速下降，而内地企业通过香港间接服务的比例快速上升（见图 6 - 4）。在 2017 年，内地香港的 ABS 分支机构已经超越了外资 ABS 企业的服务贸易份额。什么原因促使越来越多的中国本土 ABS 企业为中国内地企业赴港 IPO 提供服务？后文从中国内地高级商业服务业整体行业发展、国家政策、国际事件等角度进行分析。

第一，中国内地整体经济发展水平的提高是 ABS 行业发展的先决条件。探索时间序列的中国内地 ABS 企业服务流量与高级商业服务业行业发展基础变量（AGDP/EDU/AIR）和商业服务业总体出口比较优势变量（RCA）的关系，根据表 6 - 11 的 Pearson 相关系数矩阵可知，人均 GDP、高等教育人口比例、航空客运量都与所有模式的 ABS 服务流量正相关，而且相关系数普遍在 0.7 以上，说明中国内地的总体经济发展水平提高、航空运输水平提高及高级人力资本的提升，与中国本土 ABS 企业市场份额的增长正相关，商业服务业出口比较优势与中国内地 ABS 企业对本国的服务无相关性，这也符合实际情况。

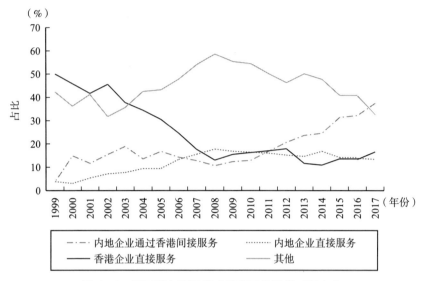

图 6-4　不同服务贸易模式的贸易流量随时间变化

表 6-11　　　　中国 ABS 企业直接服务与间接服务 Pearson 相关系数

变量	ABS	EDU	AGDP	RCA	AIR
ABS	1.0000				
EDU	0.8203	1.0000			
AGDP	0.7069	0.9442	1.0000		
RCA	-0.1190	0.0171	0.1693	1.0000	
AIR	0.7456	0.9728	0.9899	0.1019	1.0000

　　第二，政策因素对中国本土 ABS 企业境外扩张有决定性的作用。自加入 WTO 以来，中国内地企业积极融入全球经济，众多中资背景的投行和证券公司通过在香港设立分支机构"走出去"，实现在全球扩展境外业务的第一步。参与 IPO 的中资 ABS 企业在境外设立分支机构的过程严格受到中国证监会管控。虽然证监会 2002 年就提出了推进中资券商境外设立机构的管理办法，但仅限于已在受到管控之前就在境外拥有分支机构的券商。直到 2006 年，证监会才正式批准了若干券商在港新设分支机构，随后陆续

出台的一系列政策真正开始放宽限制政策，相应地也出台了一些管控的措施（见表 6-12）。此外，政府为促进与保护本土 ABS 机构的发展，利用管制便利向内地企业推荐本土 ABS 机构。

表 6-12　　　　　关于中资券商在境外设立分支机构的政策

年份	政策文件或事件	核心政策
2002	《证券公司管理办法》	管控中资券商在境外设立机构
2006	正式批准若干券商在港设立分支机构	
2007	《合格境内机构投资者境外证券投资管理试行办法》	推进中资券商在境外设立机构
2009	《关于内地证券公司在香港设立、收购、参股证券经营机构和业务监管有关问题的通知》	严格管控在香港滥设机构
2009	《〈内地与香港关于建立更紧密经贸关系的安排〉补充协议六》	推进中资券商在香港设立机构
2011	《关于内地证券公司在香港设立、收购、参股证券经营机构和业务监管有关问题的补充通知》	严格管控在香港滥设机构
2013	《证券公司分支机构监管规定（征求意见稿）》	放开限制中资券商境外设立分支机构的条件
2017	《关于进一步推进证券经营机构创新发展的意见》	推进中资券商在境外设立机构

第三，全球金融危机为中国 ABS 企业的发展带来了机会。2008 年金融危机以及 2009 年欧债危机大大重创了境外控制的 ABS 企业。国际知名投行普遍采用减少支出、降低运营成本、减少在世界上的业务扩张等途径来进行"软着陆"。多家外资投行香港办公室经历了裁员风波。内地券商由于未受到较大波及，陆续在香港市场上拓宽与国际上的业务。在这种此起彼伏的大环境下，有一批原本就职于外资投行的技术骨干到中资的券商机构谋求更高层次的发展（吴磊，2019）。IPO 中的承销更多依赖人力资源而不是资本优势，另谋高就的国际投行技术骨干引入了国外先进的业务发展体制，奠定了中资券商业务高速扩张的基石。

6.5 小　　结

本章研究首次从国际服务贸易的视角来研究内地企业赴港 IPO 中的 ABS 企业分布的影响因素。本章研究的贡献主要是采用了较新的数据，突破了国际服务贸易研究受限于统计数据的桎梏。目前国际服务贸易的研究受限于宏观统计数据，忽略了包含商业存在及自然人流动的贸易，而且涉及中国的研究局限于特定的行业，缺乏细分行业的贸易研究。而本章探讨的 IPO 中 ABS 国际服务，反映了高级生产性服务业的服务贸易中的商业存在和自然人流动，以具体的服务事件反映国际服务贸易，从而在一定程度上弥补了目前采用宏观统计数据研究的缺陷。

本章研究的主要结果有：

（1）在内地企业赴港 IPO 中，ABS 服务来源国的商业服务业出口比较优势、人均 GDP、机场客流量、高等受教育人口比例显著正向影响了各国对中国内地出口 ABS 服务。

（2）东道国到中国内地或香港的文化距离、到香港的地理距离均显著负面影响该国对中国出口的 ABS 服务流量。各国与香港的地理距离、文化距离越小，通过香港分支机构间接提供服务的 ABS 服务越多，而且与香港制度距离越小或与中国内地的制度距离越大的国家，间接服务的比例越高，这从侧面说明了通过在香港设立分支机构为中国内地提供服务可以减少与中国内地制度距离带来的负面影响。

（3）中资 ABS 企业的服务在赴港 IPO 中的市场份额越来越重要，原因包括中国内地高级商业服务业发展基础的提升、政策支持及金融危机带来的机会等方面。

本章研究的不足主要是受限于宏观统计数据的不可得及已有研究的匮乏，提出的影响因素不全面：

（1）一部分国际贸易研究中常用的指标无法获取，只能以其他指标替代，比如本章直接以商业服务出口总体的比较优势（RCA）直接衡量国家的服务贸易竞争力，而不是根据波特钻石模型中提出的几方面要素来对竞争力进行解构。

（2）部分常见指标无法全面获取，因此没有纳入回归模型。比如大量研究强调了服务业 FDI 对服务贸易的重要性，但只有极少数国家的数据能够获取，而且不含具体到高级商业服务业的 FDI 数据，因此，回归模型中并未加入这个指标。为弥补这个缺陷，接下来的讨论部分从城市尺度探讨了内地企业赴港 IPO 中 ABS 企业的 FDI 与服务贸易的关系。

6.6　讨论：城市尺度的"间接服务"与 FDI

4.5 节对城市尺度 ABS 企业的全球总部所在地与参与 IPO 的分支机构所在地的关系进行了分析。ABS 企业总部广泛来自各国的大都市，中国内地的企业总部包括香港、北京、上海、广州、深圳等一线城市，武汉、成都等省会城市，以及东莞、南京等二线城市；境外的企业总部城市包括伦敦、纽约、东京、新加坡等一线国际金融中心，及悉尼、吉隆坡、胡志明市等与中国相邻的亚太金融中心、政治中心等城市。

能够提供间接 ABS 服务的中介城市集中在少数世界城市，包括香港、北京、上海、深圳等中国内地一线城市，以及伦敦、开曼群岛等国际金融中心。绝大部分 ABS 企业都要通过在香港设立的分支机构为中国内地企业间接提供服务，只有少部分 ABS 企业直接通过总部所在地的部门为中国内地企业提供服务。

绝大部分境外 ABS 企业将分支机构设立在香港，是境外 ABS 企业在香港的对外直接投资行为。而在内地城市设立分支机构的境外 ABS 企业只有两家（图 6-5 左一），一家总部在悉尼的证券公司在北京设立分支机构，另一家总部在纽约的证券公司在上海设立分支机构。因此，本章研究的内地企业赴港 IPO 中，各国对中国内地的直接投资非常少，也就是说，在本章研究的具体经济事件中，服务业 FDI 对服务贸易拉动作用非常有限。那么，回归模型中未纳入服务业 FDI 是符合实际情况的。

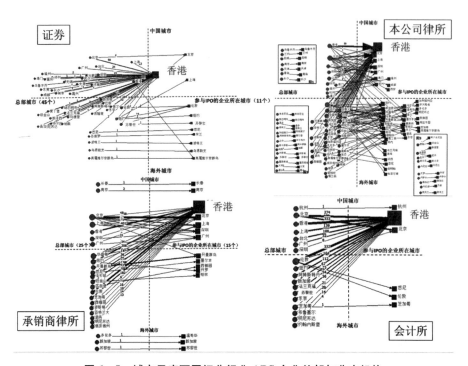

图 6 – 5　城市尺度不同细分行业 ABS 企业总部与分支机构

早期学者从货币汇率理论（Aliber，1971）、比较优势理论（Kojima，1981）、垄断优势理论（Hymer，1960）、内部化理论（Buckley，1983）、产品周期理论（Velnon）等方面对对外直接投资的动机和区位选择进行了研究。邓宁（Dunning，1981）在这些理论的基础之上提出了国际生产折衷理论（OLI 模型），提出企业对外直接投资具有三个方面的优势：所有权优势、内部化优势和区位优势。根据 OLI 模型，总部来自全球的 ABS 企业在少数世界城市设立分支机构至少满足两个条件：第一，总部所在地的企业具有所有权优势，具体包括 ABS 企业的多样化的产品、金融和人力资源、独特的专业技术、先进国际经验和组织能力等方面的优势。第二，分支机构所在地拥有区位优势，包括市场机会、外资政策、基础设施、资源禀赋、劳动力及其成本等。

外资 ABS 企业在中国设立分支机构的动机包括三个方面：（1）"追随客户"（Goldberg and Johnson，1990；Yamori，1998）。具体到 IPO 中的 ABS 服务，即设立分支机构的动机可能为了跟随服务对象—中国内地赴港 IPO 企业。ABS 企业在香港北京上海等城市设立分支机构，在具体业务中可以减少距离因素带来的影响，并且方便进行贸易结算与支付。（2）"追随市场"。外资 ABS 企业出于境外扩张的企业战略，进入中国新兴市场获取盈利机会。特别是通过在香港等全球主要的金融中心设立分支机构，可以利用高等级金融中心的平台形成国际性的业务网络。（3）"追随竞争者"。如果 ABS 企业竞争者已经在中国内地设立分支机构，其他 ABS 企业为了不失去竞争位势和市场份额，也会在中国内地设立分支机构。

第7章 ABS企业合作关系形成的城市网络

7.1 引　言

在内地企业赴港IPO活动中，ABS企业作为中介机构为中国企业提供高端服务。在ABS企业参与同一个IPO项目的过程中，人员、信息和资本的流动产生，从而形成了ABS企业的企业间合作网络。参与跨境服务及合作的ABS企业通常位于战略性地方，全球不同城市之间由此形成了城市网络。

以往对ICN的研究主要使用科技活动的合作关系数据（Newman，2001，2004），由于数据不可得，反映高级商业服务业企业的合作关系的研究较为缺乏。虽然已有研究强调了企业间合作网络中的地理邻近性、本地化和全球化的重要性（Pittaway et al.，2004；Davenport，2005），但从城市网络的角度，特别是基于ABS企业的世界城市网络的研究较少。

已有基于ICN构建的城市网络研究，也主要是基于知识与科技合作建立网络，如基于发表和专利的共同创作关系（Liefner and Hennemann，2011；Lu and Huan，2012；Ma，2015）。一项研究获取了在中国内地证券交易所上市过程中参与的ABS企业数据，并利用ABS企业之间合作关系构建了中国城市网络（Pan et al.，2018a），这项研究只局限于区域或国家尺度，而不是全球范围。

本章研究通过获取在港交所 IPO 的 ABS 企业数据，将 ABS 企业间合作关系构建的城市网络研究扩展到全球范围，为世界城市网络研究提供了另一种视角，考察来自某个特定新兴经济体的企业的高端融资活动如何推动世界城市网络的发展。延续潘等（Pan et al.，2018a）的方法，本章采用 IPO 中参与 IPO 的 ABS 企业办事处所在城市来构建城市网络，而不考虑 ABS 企业总部城市。

本章研究主要包括两个方面：第一，从世界城市网络的角度对企业间合作网络进行研究。第二，探讨城市融入世界合作网络对城市服务功能的作用。由第 4 章可知，在中国赴港 IPO 的早期阶段，为中国提供服务的 ABS 企业大部分是外资企业，其次为港资企业。随着时间的变化，中资 ABS 企业所占的市场份额越来越大，相应地，内地城市在世界城市网络中也越来越重要。什么原因促使越来越多的中国内地 ABS 企业为中国内地企业赴港 IPO 提供服务？第 6 章已经从中国 ABS 整体行业的发展、国家政策和国际事件等角度进行了探讨，结合了合作关系与服务关系，探讨了融入世界城市合作网络中的中国内地城市的跨区域联系能否促进其被内地赴港 IPO 企业选择。

本章研究在回归样本中不考虑国外城市，主要有两点原因：第一，本章涉及的国外城市不仅包含欧美发达国家的城市，也包含大量发展中国家的城市，前者的不同时段的城市属性数据从相应的国家统计局网站相对容易获取，而后者的城市属性统计数据记录非常不全面；此外，大量非英语的国家统计网站增加了数据获取难度。第二，第 6 章初步从国家尺度探讨了国外 ABS 服务来源选择的影响因素，对国外城市 ABS 服务的选择机制已经可以做出一定程度的解释。结果发现不同国家的商业服务业总体出口比较优势、高级商业服务业行业发展基础、与中国的贸易关系及各种距离因素都显著影响了中国内地企业对选择 ABS 服务来源地的选择。

7.2 企业间合作网络研究综述

7.2.1 企业间合作网络研究的数据来源及研究主题

已有很多研究利用复杂网络的方法来进行合作网络的研究，如分析合作网络结构（Newman，2001）、构建合作网络的网络动力学与演化模型（Barabâsi et al.，2002）和计算机仿真（Madey et al.，2003）等。在网络科学语境中，合作网络是一种双模网络，由两种类型的节点组成：一类是人员、机构或企业；另一类是它们共同参与的事件。从构建合作网络的方法来看，一般是将双模的后一类节点向前一类节点投影得到单模网络。大多数研究使用反映知识流动的关系数据来构建科学技术合作网络（Collaboration Network in Science and Technology，CNST），例如，基于不同行业的出版物和专利的合著（Newman，2001，2004），共同开发开源软件（Crowston and Scozzi，2002），科研机构联合研发项目（Roediger and Barber，2007），校企合作项目（Guan and Zhao，2013）等。尽管已有研究建立了大量的 CNST，但是很少有实证研究反映企业间合作网络（ICN），这很大程度上是由于企业间实际经济合作事件数据收集困难。

数据的匮乏极大地限制了 ICN 的研究进展。一方面，大部分企业合作网络数据来源于企业战略联盟的组织关系（Schilling and Phelps，2007），而不是基于实际合作事件；另一方面，参与 ICN 的企业主要是拥有高科技和密集知识和技术的制造业部门，如制药企业（Paruchuri，2010）和生物技术企业（Gay and Dousset，2005），部分原因是基于研发机构的研究可以方便地获得包括已发表论文或专利在内的合作关系数据。然而，在涉及 ABS 企业的金融领域，ICN 的研究却很少。鲍姆等（Baum et al.，2004）

通过投资银行之间的联合承销事件构建金融领域的 ICN。然而，从 ICN 的角度对 ABS 企业在金融事件中的合作进行探讨还有很大的空间。

目前，企业合作网络研究主题主要包括三个方面：

（1）考察企业合作网络的基本复杂网络结构，如中心性（Gilsing et al.，2008）和结构洞（Tan，2007）。无标度网络和小世界特性在各种 ICN 中都得到了验证（Schilling and Phelps，2005；Schilling and Phelps，2007）。

（2）考察企业合作网络形成的动机和机制（Goyal and Joshi，2003）。爱德华兹（Edwards，1997）对日本汽车生产网络的演化进行研究，发现领军企业主要进行技术的创新和转移，附属企业则为其提供帮助，这种协同机制能够降低成本，提高知识技术投资的规模报酬递增效应。古拉蒂（Gulati，1998）认为企业间长期的联盟关系传递了企业合作能力的信号，是一种"网络资源"。布兰德伯格和纳尔波夫（Brandenburger and Nalebuff，1996）认为，企业之间的合作网络是"双赢"，甚至是"多赢"的。合作网络使得合作伙伴有机会进入对方的核心知识，从而增加组织学习的效果（Lei and Slocum，1992）。总的来说，对于企业合作网络形成机制的理论探讨主要强调组织间关系，企业间合作可以产生关系资源（Dyer and Singh，1998），网络资源是关系资源的重要组成部分。单个企业内部着重对已有资源的组合利用，在进入网络之后，因为网络中的信任等社会资本能够降低关系风险，从而产生了竞争优势，形成了新资源（Gulati，1995）。

（3）ICN 与企业绩效的关系。研究发现，ICN 对企业发展有积极影响，特别是对企业创新有积极影响（Schilling and Phelps，2005；Ozman，2009）。

7.2.2 空间视角下企业间合作网络的研究

从空间视角对企业合作网络的研究比较少，尤其缺乏对金融活动中 ABS 企业合作网络演化及影响因素的研究。尽管潘等（2018a，2018b，

2018c）发表了一系列文章，采用 IPO 中 ABS 企业间关系来构建城市网络，但其分析停留在了简单的城市节点度排序上，而忽略了网络的演化及对网络形成机制的解释，尤其是忽略了内地企业赴港 IPO 中实际行为的微观经济关系。

ICN 被认为是区域经济成功和竞争力的一个关键因素（Asheim et al.，2003）。存在空间上接近的知识合作网络的地区和城市比那些没有知识合作网络的地区和城市更具竞争力（Huggins，2000）。库克（Cooke，2004）认为，区域创新系统由与全球、国家和其他区域系统相联系的相互作用的知识生成和开发子系统组成，强调区域内部和外部联系的重要性。这种概念化陈述表明了一个潜在的问题，即只有那些位于具有丰富相关知识资源的地理环境中的企业和组织才能利用其他知识参与者的竞争优势。金融领域的 ABS 企业形成的 ICN 也符合这一特征，金融地理学学者发现，加入 ICN 的 ABS 企业增长更迅速，而且更能应对经济危机（Pažitka，2017）。

空间和区位的作用被认为是 ICN 网络结构和运行中越来越重要的特征（Pittaway et al.，2004；Davenport，2005）。学者认识到邻近性对于 CNST 具有重要意义，企业间的邻近性是进行伙伴选择并建立合作关系的必要条件。马歇尔（1920）提出了地理邻近性有利于企业间面对面沟通隐性知识学习和创新。波斯玛（Boschma，2005）认为随着通信技术的不断发展，地理邻近性不再直接影响创新网络的发展，而是通过引发社会、组织、制度和认知邻近性而间接影响创新网络。大量学者研究了多维邻近性对于创新网络的影响（周青和侯琳，2013；Heringa et al.，2016；李琳和张宇，2015；刘凤朝等，2014）。

尽管学者认识到邻近性对网络发展的重要性，但越来越多的人强调网络和知识流动同时具有地方性和全球性（Andersson and Karlsson，2007）。从知识流动的角度来看，许多企业的知识并非来自地理邻近的区域，尤其是那些基于创新驱动增长的企业，这些企业的知识往往来自国际。在金融领域提供服务的 ABS 企业也符合这一特点，因为 ABS 企业为全球领先企业提供的高端服务需要极其先进的生产要素，这些生产要素不一定来自地理上邻近的地区，而是来自世界各地。

7.3　城市网络特征

7.3.1　总体特征的动态变化

中国内地有 16 个城市通过内地企业赴港 IPO 中的 ABS 企业合作融入了城市网络，主要来自东南沿海地区和省会城市。城市网络中包含 65 个境外城市，主要来自西方发达国家和新兴发展经济体，东南亚、西欧、北美及部分离岸金融中心的城市的联系值较高，而非洲、南美、中亚等的城市联系值较低。

早期世界城市合作网络中的城市数量较少，平均度中心性也很低（见表 7－1）。随着时间的推移，一方面，融入世界城市合作网络的城市不断增加，城市的平均度中心性越来越高，只在最后一个时段城市网络中的城市数量少量减少；另一方面，网络密度逐渐降低。这说明虽然融入城市网络的城市增加了，但是每个城市与其他城市的连接平均数并没有增加，网络呈现越来越稀疏的状态。

表 7－1　　　　城市合作网络随时间变化的总体统计特征

网络属性	1999～2002 年	2003～2006 年	2007～2010 年	2011～2014 年	2015～2017 年
节点数	8	21	26	32	30
网络密度	0.714	0.312	0.312	0.263	0.249
平均度中心性	5	7.167	9.355	11.556	9.7

在早期的城市网络中，中国内地只有四个城市与香港地区、美国及其

他地区的三个境外城市建立了少量联系（见图 7 - 1）。随后，大量内地城市开始与美国、英国、加拿大、新加坡的城市建立了合作联系。在五个时间段内，始终有部分内地城市只建立了国内范围的联系，而未与国外城市相连，而且，如北京、上海等一线城市的本地联系值非常高。

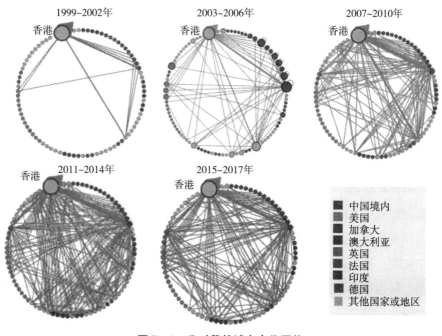

图 7 - 1 分时段的城市合作网络

7.3.2 城市网络的小世界特征

境外网络及总体网络都符合小世界特征，这意味着涉及境外城市的网络中出现了密集的集群（三元环），形成了小集团。形成了密集的集群更有利于区域协同发展和产业集聚，更有利于网络中城市的经济发展。

内地范围的城市网络是随机网络，不符合小世界特征。在内地网络中，路径长度较短，城市间的联系更容易形成，但城市间的聚类系数较低。然而，内地城市的网络密度较高，也就是说虽然内地城市之间的联系更紧密，但网络中没有明显的密集集群或小集团，这一定程度上是因为内地网络的节点比境外网络节点更少（见表 7 - 2）。

表 7 - 2　　　　　　　　　　城市合作网络的统计特征

属性	总体网络	内地网络	境外网络
节点数	81	16	65
网络密度	0. 149	0. 283	0. 145
平均路径长度	1. 876	1. 89	1. 886
平均聚类系数	0. 612	0. 136	0. 542
随机聚类系数	0. 147	0. 266	0. 143
随机路径长度	1. 774	1. 916	1. 873
小世界商	3. 940	0. 519	3. 765

7.3.3　中心性领先的境外城市

在境外城市中，香港的三项中心性指标都排名第一，且远高于其他城市，排名第二至第四的城市分别是开曼群岛、伦敦和新加坡（见表 7 - 3）。本章研究的是在港交所上市的企业，从数据来源的角度来看，香港是网络中最重要的。开曼群岛是城市网络的第二重要的地区，这是因为开曼群岛是赴港 IPO 的企业最受欢迎的注册地。与纽约相比，伦敦具有相对较高的中心地位，这是因为伦敦有更多的知名会计师事务所和律师事务所参与了 IPO。新加坡排名第四，但联系值远低于前三名。

北美城市，如纽约、华盛顿等城市在网络的度中心性上较强，但中介中心性却很低，说明作为网络中的枢纽作用较弱。此外，吉隆坡、澳门、悉尼、曼谷、墨尔本、首尔、河内、雅加达等亚太城市具有较强的中介中心性，是中国内地企业资本全球化的重要窗口。

表 7 - 3　　　　　　　　　　度中心性排名前二十的城市

度中心性 全球排名	城市或地区	标准化度中心性	标准化亲近中心性	标准化中介中心性
境外城市				
1	香港	1.00000	1.00000	1.00000
3	开曼群岛	0.03295	0.67227	0.15594
4	伦敦	0.03016	0.63492	0.08712
8	新加坡	0.00158	0.60150	0.03800
9	纽约	0.00144	0.54422	0.00478
10	澳门	0.00144	0.57143	0.01287
12	华盛顿	0.00106	0.53333	0.00280
13	吉隆坡	0.00089	0.58824	0.02325
14	曼谷	0.00084	0.55944	0.00500
16	悉尼	0.00079	0.57554	0.02044
17	金边	0.00055	0.54795	0.00082
18	都柏林	0.00054	0.51948	0.00035
20	墨尔本	0.00053	0.55172	0.00551
内地城市				
2	北京	0.10043	0.82474	0.44420
5	上海	0.01938	0.64516	0.10855
6	深圳	0.01279	0.59259	0.03534
7	广州	0.00636	0.57143	0.02039
11	福州	0.00124	0.51613	0.00009
15	杭州	0.00082	0.51282	0.00000
19	南京	0.00054	0.51948	0.00076

注：按照各项中心性得分最高的城市——香港的得分进行标准化。

　　从时间变化来看，香港、开曼群岛和伦敦在所有时间段都保持了度中心性前三的排名（见图 7 - 2），而且得分远高于其他境外城市。其中，香港的度中心性一直排名第一。在前三个时段内，开曼群岛和伦敦分别排名第二、第三，第四个时段之后，伦敦取代了开曼群岛，成为了世界合作城市网络中除香港以外总联系值最高的城市。

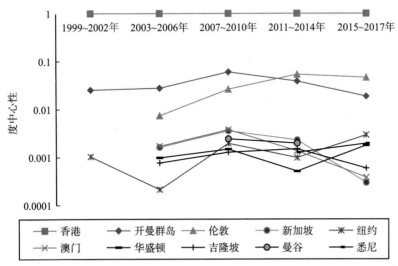

图 7 - 2　前十境外城市（地区）度中心性动态变化

注：按照度中心性得分最高的城市——香港的得分进行标准化。

纽约在第一个时段是除了香港、开曼群岛以外总联系值最高的城市，随后的三个时段，纽约在城市网络中的地位逐渐被新兴的亚太城市（悉尼、吉隆坡、新加坡、澳门、曼谷等）取代。

7.3.4　中心性领先的内地城市

在内地城市中，有 7 个内地城市在城市网络中度中心性的排名中跻身前 20，按照排序依次为北京、上海、深圳、广州、福州、杭州、南京。其中，中国四大一线城市——北京、上海、深圳和广州——在三个中心性指标上都占据绝对优势。北京在中国国有企业总部功能方面具有无可比拟的优势。根据 6.5 节的 ICN 分析，参与 ABS 合作的中国顶尖证券企业大多总部设在北京，中国内地律师事务所大多来自北京。上海凭借其优越的沿海区位、发达的总部经济和全球商业网络，成为中国外商投资集聚中心。从 ICN 分析来看，联系值最高的证券企业总部位于上海，排名前十的律所之一也来自上海。作为珠江三角洲毗邻香港的两个一线城市，广州和深圳的 ABS 企业无疑更接近上市目的地。

北京在所有时间段都保持了度中心性排名第一的地位。在早期，广州在城市网络中排名第二，但随着时间的推移，总联系值迅速下降，被上海和深圳所取代，在四大一线城市排名末尾。相反地，深圳在第一个时段的总体联系值最低，随后逐渐上升，在第五个时段甚至超过了上海（见图 7 - 3）。

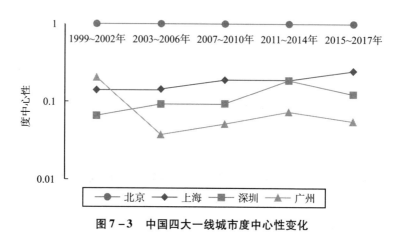

图 7 - 3　中国四大一线城市度中心性变化

注：按照度中心性得分最高的城市——北京的得分进行标准化。

7.3.5　城市的本地合作网络与跨区域合作网络

大量研究对比了企业合作网络中本地合作与跨区域甚至是跨国的区别，低成本和灵活性是企业开展本地合作的主要原因，市场拓展和技术学习则是企业进行国际合作的主要原因（邬爱其，2006）。

从内地城市与境外城市的不同类型合作网络的时间变化来看，境外城市的本地联系值在网络中一直占据最大份额，其次为内地城市与境外城市的联系值，再次为境外城市与境外城市的非本地联系值（见图7-4）。这一方面是因为融入城市网络的国内城市数量远少于境外城市数量，另一方面是因为香港在网络中占据绝对优势，香港本地集聚了大量 ABS 企业。早期的城市网络中，内地范围内的城市合作比较少，但是随着时间的推移增长迅速。

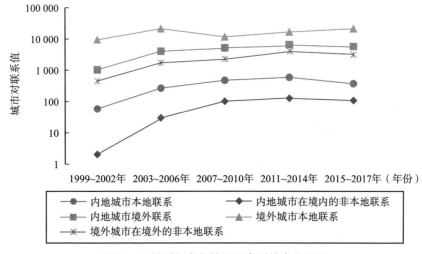

图7-4　随时间变化的不同类型的合作网络

在境外城市的本地合作网络中，香港的联系值最高，其次为开曼群岛、伦敦等城市；在内地城市的本地合作网络中，北京的联系值最高，其次为上海、深圳、广州等一线城市（见图7-5）。拥有更高本地联系值的城市，非本地联系值往往也越高，而且大部分城市的非本地联系均大于本地联系。本地联系值高但非本地联系低的城市，如苏黎世、雪兰莪州等，这些城市在本地的合作网络更多，但与全球网络中其他城市的合作网络较少。

在内地城市的境外合作网络中，最高联系值的城市对由北京、上海、深圳、广州等4个内地城市和香港、伦敦、开曼群岛、新加坡4个境外城市组成。其中，北京—香港联系值最高，远超其他城市。虽然很多中国内地城市通过 ABS 合作融入了城市网络，但中国城市与境外城市之间的联系强度十分不均衡，除四个一线城市以外，国内其他城市与境外城市的联系较少。这个结果符合学者提出的中国内地城市以整体内部等级制度嵌入全球体系，也就是说，北京和上海等一线城市融入城市网络，在全国城市系统中也具有绝对优势。

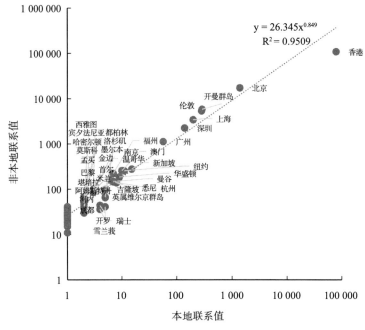

图 7 – 5　城市的本地联系与非本地联系

北京为内地城市的非本地合作网络的中心，而且北京—上海城市对的联系值最大，其次为北京—深圳、北京—广州、深圳—上海等。杭州、南京、福州等城市与一线城市的城市对也具有较高的联系值，乌鲁木齐、长春、昆明等省会城市往往只与单个城市有较少的联系。香港为境外城市非本地合作网络的中心，香港—伦敦、香港—开曼群岛的联系值最高，其次为纽约、华盛顿等城市与香港的联系值（见图 7 –6）。

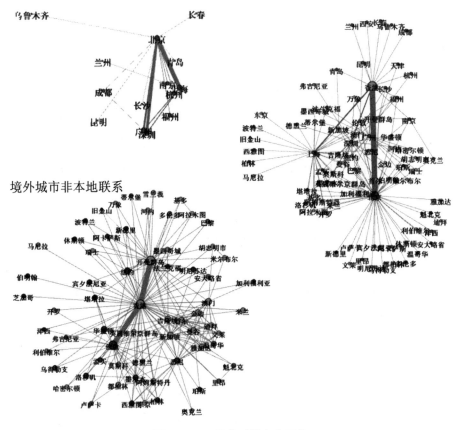

图 7 - 6　不同类型的合作网络

7.4　跨区域合作联系对中国内地
城市服务功能的影响

本节内容结合了第 5 章服务网络和本章合作网络的结果，通过对城市尺度内地范围的 ABS 服务来源地选择的影响因素进行研究，探讨中国 ABS 企业所在城市融入世界城市合作网络能否增加被上市企业选择的可能性，由此在一定程度上揭示了中国内地城市融入世界城市合作网络的外部性。

企业合作网络被认为是区域经济成功和竞争力的一个关键因素（Asheim et al.，2003）。存在空间上接近的知识合作网络的地区和城市比那些没有知识合作网络的地方和城市更具竞争力（Huggins，2000）。Cooke（2004）认为，区域创新系统由与全球、国家和其他区域系统相联系的相互作用的知识生成和开发子系统组成，强调区域内部和外部联系的重要性。这种概念化的陈述表明了一个潜在的问题，即只有那些位于具有丰富相关知识资源的地理环境中的企业和组织才能利用其他知识参与者的竞争优势。金融活动中的 ABS 企业形成的企业合作网络也符合这一特征，金融地理学学者发现，加入企业合作网络的 ABS 企业增长更迅速，而且更能应对经济危机（Pažitka，2017）。那么，城市合作网络是否也符合企业合作网络的特征，融入了由 ABS 企业合作形成的世界城市合作网络的城市是否也更具备竞争力？这个问题非常值得探讨。

国外研究表明，位于相互联通的城市的 ABS 企业拥有更广阔的客户基础，可以更便利地进行跨区域的联系（Glückler，2007）。城市之间的相互联系越紧密，就有越多的 ABS 企业能够进入跨地区的社交网络，并从城市网络的声誉溢出中受益，从而传递出企业在当地的比较优势。从知识流动的角度来看，许多企业的知识并非来自地理邻近的区域，而是来自国际。尽管人们认识到邻近性对本地创新网络发展和集群的重要性，但越来越多的人强调网络和知识流动同时具有地方性和全球性（Andersson and Karlsson，2007）。在金融活动中提供服务的 ABS 企业也符合这一特点，因为 ABS 企业为全球领先企业提供的高端服务需要极其先进的生产要素，这些生产要素不一定来自地理上邻近的本地集群，而是来自世界各地。那么，在 IPO 中，是否拥有跨区域联系，特别是跨国联系的 ABS 企业更加具备竞争力，从而更容易被内地赴港 IPO 企业选择提供服务？这个问题非常值得研究。

中国内地企业通过赴港上市融入国际资本市场，与此同时，中国内地城市通过与 ABS 企业所在城市之间产生服务联系，而融入世界城市服务网络。内地城市为了获取与国际城市联系的机会，主要选择来自境外的 ABS 企业提供服务。但也有少部分上市企业选择国内的 ABS 企业提供服务。在 IPO 中，中国 ABS 企业与来自全球城市的知名 ABS 合作，产生了人流、物质流、信息流，中国 ABS 企业所在城市也因此融入了世界合作城市网络。内地企业所在的国内城市通过与世界城市合作网络的 ABS 企业所在城市相连，同样也可以获取国际城市联系的机会。

然而，随着中国 ABS 行业发展基础的提升，中国 ABS 企业在中国内地企业赴港 IPO 过程中的服务份额越来越高。国内不同城市之间 ABS 服务的竞争对区域发展的意义也越来越重要，中国城市融入了世界城市合作网络是否能增加被上市企业选择的可能性？这个问题非常有意义。

本节内容在回归时不考虑国外城市的属性，主要有两点原因：第一，本章涉及的国外城市不仅包含欧美发达国家的城市，也包含亚非拉等发展中国家的城市，前者的不同时段的城市属性数据从相应的国家统计局网站相对容易获取，而后者的城市属性统计数据记录不全。第二，第 6 章已经初步从国家尺度探讨了国外 ABS 服务来源选择的影响因素，对国外城市 ABS 服务的选择机制进行了一定程度的解释。

7.4.1　研究假设的提出

本节内容探讨在国内范围的城市网络中，某地的上市企业为什么选取某城市的 ABS 企业提供服务，融入了世界城市合作网络的内地城市是否更可能被上市企业选择？

目前，城市网络实证研究还停留在简单的城市节点度排序上，对网络演化及节点中心性的影响因素的机制探讨十分匮乏。本章基于现有的 ABS 企业集聚及城市网络的研究从三个层次提出了内地企业赴港 IPO 中城市尺度国内 ABS 服务来源地选择的假设。

1. 城市的 ABS 行业发展的本地要素

在第 6 章国际服务贸易研究中，选取了高等受教育人口比例、机场客流量、人均 GDP 的指标来衡量某国 ABS 行业发展基础。实证研究结果显示，后两个指标显著正向影响了中国对服务贸易来源国的选择，而第一个指标的选取可能不准确。

在城市尺度，这些指标经常作为城市网络实证研究中全球服务控制中心的衡量标准（Derudder and Witlox，2005；Pereira and Derudder，2010）。本章依然选取受过高等教育的人口比例（educate）、人均国内生产总值（agdp）、机场客流量（air）作为衡量某城市 ABS 行业发展水平的指标。在 ABS 企业专业人员的跨国服务中，航空是最主要的交通方式，但是，在中国范围内的 ABS 服务中，铁路交通的通达性也很重要。因此，本章增加了铁路客运量（记作 train）作为另一个衡量交通通达性的指标。

此外，IPO 是非常高端的金融活动，掌握了金融及管理技术的人员对 IPO 的成功非常重要，因此选取金融及商业服务业从业人员数量（记作 finance）作为衡量金融及管理人才的指标。

根据以上分析，提出以下假设：

假设 7.1：人均 GDP、机场客流量、铁路客运量、高等受教育人口比例、金融及商业服务业从业人员数量等 ABS 行业发展的本地要素的水平越高，则越可能为内地企业赴港 IPO 提供服务。

2. 已有城市合作网络中跨区域的联系

随着新型国际劳动分工不断深化，全球经济活动的空间组织呈现网络化趋势，强调本地外部性的产业集聚的主流理论已难以解释高度专业化的知识服务的集聚（Glückler，2007）。

跨区域的企业间关系的网络外部性开始被用以解释 APS 企业的集聚特征。格吕克勒（2007）认为以知识服务为主的 APS 企业的集聚不应该过分强调本地联系，对 APS 企业的集聚的解释应该从"如何通过技术提升生产、控制成本"转向"如何通过关系获取机会"，城市之间的相互联系越紧密，就有越多的企业能够进入跨地区的社交网络，并从声誉溢出中受益，从而传递出企业在当地的比较优势。杰克博森和昂萨格（2005）也提出高级生产性服务业企业集聚在大城市不一定是为了接近城市内部的资源，而是为了更便利地进行国际联系。位于互相连通的城市的企业在国际上的客户基础比那些不相互联通的城市和地区的企业要大（Glückler，2007）。

内地赴港 IPO 企业通过 IPO 融入全球资本市场，来自全球城市的 ABS 企业为内地企业提供服务，内地企业总部城市与 ABS 企业所在的全球城市产生了人流、物质流、信息流，内地城市因服务关系而融入城市网络。内地城市选择服务提供者时，不仅仅需要考虑提供服务的城市是否具备 ABS 行业发展的本地因素，更需要考虑通过连接 ABS 所在城市而获取与更多其他城市联系的机会，特别是获取国际联系的机会。为了获取国际联系，大部分内地赴港 IPO 企业直接选择国外 ABS 企业提供服务；近年来，越来越多的内地企业开始选择国内 ABS 企业提供服务，国内 ABS 企业通过合作网络与国际 ABS 企业相连，因此，内地企业选择融入了世界城市合作网络的 ABS 企业，也可以获得与国际联系的机会。

基于以上分析，提出以下假设：

假设 7.2：某内地城市在已有的世界城市合作网络中跨区域的联系越强，越可能被内地企业选择提供服务。

假设 7.2a：在上一时段的世界合作网络中，ABS 企业所在城市与国内非本地联系（记作 domestic）越强，则越可能被内地企业选择。

假设 7.2b：在上一时段的世界合作网络中，ABS 企业所在城市与国外联系（记作 foreign）越强，则越可能被内地企业选择。

3. 地理距离

大量研究证明知识密集型商业服务企业与客户之间邻近（Hermelin，1998；Bennett et al.，2000）；然而，也有大量研究认为地理邻近性远没有想象中重要（Tordoir，1994；Wood，1996），在商业咨询的实际案例中，客户与服务提供者都不在同一地址（Dnaniels，1991；Daniels et al.，1992；Keeble et al.，1991；Bryson et al.，1993，1997）。伊列雷斯（1994）提出高度专业的服务业的选址是独立于客户所在地的，因为它们的收费很高，足以抵消交通费用。空间邻近性对于咨询过程很重要，这体现在服务业企业短暂的出行和出差上，而不是与客户永远同处一地（Rallet and Torre，1999）。不仅仅是服务提供者，客户的选址也不会考虑向服务提供者接近（Schickhoff，1985）。伍德（1996）提出商业的发展更加受到能否进入社交网络的影响，而不是地理的因素。

在本章研究的国内范围的 IPO 中的 ABS 服务是否受到地理邻近性影响，这个问题值得探讨。第 6 章国际服务贸易的研究已经证实，在国家尺度，虽然专业服务人员往往采用航空的交通方式，但是各国与香港的地理距离还是显著负面影响了内地企业对 ABS 服务来源国的选择。在国内范围内，采用航空的交通方式大大缩短了通勤时间，而且在国内有可能采用铁路的交通方式，城市之间的地理距离是否依然影响企业之间的选择有待探讨。

基于以上分析，提出假设：

假设 7.3：地理距离影响了某城市为另一城市提供服务的可能。

7.4.2 模型建立与变量选取

1. 回归模型

前文构建网络时分成了五个时段，本章考察上一时段城市在合作网络中的联系值的影响，计入回归模型的网络相关变量（domestic 和 foreign）从第一个时段开始到第四个时段截止；相应地，计入回归模型的城市属性变量从 2003 年开始，到 2017 年截止，共 15 年，其间一共有 672 起 IPO 事件。

假设每次 IPO 事件中，所有国内城市拥有的被内地企业选择提供服务的概率是相对独立的，672 起 IPO 事件中的 16 个内地城市都可能被选择或者不被选择，则内地企业一共进行了 10 752 次某个特定服务城市的选择。

本章采用二值逻辑回归模型来研究内地企业在某次 IPO 中是否选择某城市的 ABS 企业，为排除部分随时间增长的经济相关变量对回归结果的影响，将年份作为控制变量。

$$P(Y_i = j \mid x_{ij}) = \frac{\exp(x_{ij}\beta)}{\sum\limits_{k=1}^{j} \exp(x_{ik}\beta)} \quad i \in (1, 2, \cdots, 672)$$

$$j \in (1, 2, \cdots, 16) \tag{7.1}$$

式（7.1）中，i 表示 IPO 事件，j 表示 ABS 企业所在城市，P 是某次 IPO 事件中，j 城市被选择的概率。x_{ij} 是影响某次 IPO 中城市 j 是否被选择的解释变量的集合，β 为系数。

2. 变量说明

变量说明见表 7 – 4。

表 7 – 4　　　　　城市尺度 ABS 服务来源地选择的变量说明

变量含义	符号	变量名称	数据来源
因变量	y	城市 j 是否被选择提供服务	在 t 年份的某次 IPO 中，城市 j 被选择记为 1，未被选择记为 0
已有城市合作网络中跨区域的联系	domestic	内地非本地联系值	在上一时段，城市合作网络内地非本地联系值
	foreign	境外联系值	在上一时段，城市合作网络境外联系值
ABS 行业发展基础	agdp	人均 GDP，反映城市经济发展水平	t 年份中国城市统计年鉴，GDP 除以年末总人口（元）
	educate	高等教育人口比例，反映城市高级人力资本	t 年份中国城市统计年鉴，普通本专科在校学生人数除以年末总人口
	air	民用航空客运量	中国城市统计年鉴 t 年份数据（万人）
	train	铁路客运量	中国城市统计年鉴 t 年份数据（万人）
	finance	金融及商业服务业从业人员	中国城市统计年鉴 t 年份数据（万人）

变量含义	符号	变量名称	数据来源
距离	distance	地理距离	内地赴港 IPO 企业城市与 ABS 企业所在城市之间的地理距离（千米），根据球面距离计算

7.4.3　回归结果

将 agdp、educate、air、train、finance、distance 取对数 log10。控制年份，采用 Stata 软件的二值逻辑回归命令 xi：logit y x i. year 进行回归，回归结果主模型（模型 1）显示，所有自变量都在 1% 的置信区间显著。Prob > chi2 等于零意味着模型不存在异方差，回归结果支持原假设。所有模型的拟合优度都很好（见表 7-5）。

对于假设 7.1 和假设 7.3，对比城市尺度的服务源地影响因素的回归结果与第 6 章国家尺度的回归结果，发现反映 ABS 行业发展基础的自变量及地理距离在不同空间尺度上的回归结果具有一致性。

首先，五个反映 ABS 行业发展基础的自变量有一定的相关性，控制距离因素与合作网络相关的因素，对 agdp、educate、air、train、finance 的对数值分别进行回归，发现人均 GDP、机场客流量（lgair）显著为正，说明经济发展水平越高、航空通达性越高的内地城市，越可能被内地赴港 IPO 企业选择提供服务。此外，铁路客运量（lgtrain）也显著为正，这反映了在国内范围的城市之间的 ABS 服务中，铁路的通达性也非常重要。

其次，高等受教育人口比例（lgeducate）在所有模型中显著为负，这与 ABS 企业需要高级人力资本的事实不符，一方面，选取本地普通本专科在校学生人数占总人口比例反映 ABS 行业需要的高级人力资本的变量可能不具备代表性；另一方面，ABS 行业的专业管理人才具有很大的流动性，不一定来自本地培养的高等教育在校学生。这个问题在第 6 章国家尺度的研究中也存在，为了弥补这个缺陷，本节内容在城市尺度选取了金融及商

表 7-5

二值 logistic 回归结果

变量	模型 1	模型 2	模型 3	模型 4	模型 5	模型 6	模型 7	模型 8
y	Coef.	Coef	Coef	Coef	Coef	Coef	Coef	Coef
domestic	0.0166264***	0.0716076***		0.0355664***	0.031702***	0.0320195***	0.0319062***	0.0329304***
foreign	0.0013354***		0.0016971***	0.0007423***	0.0008233***	0.0007962***	0.0009868***	0.0008427***
lgagdp	0.3078734***	0.2764353***	0.3126219***	0.2575995***				
lgeducate	-0.4065191***	-0.1770402***	-0.4790601***		-0.1474195***			
lgair	0.1750788**	0.0048379	0.2472166***			0.1284084**		
lgtrain	0.7790898***	0.6531058***	0.7950554***				0.7563698***	
lgfinance	0.1496643***	0.0348197	0.1653747***					0.1892584**
lgdistance	-0.5048341***	-0.4935485***	-0.507466***	-0.5170467***	-0.5155442***	-0.5183712***	-0.510568***	-0.5272215***
Constant	-5.418793***	-4.682116***	-5.438641***	-1.883291***	-0.3743078***	-0.891281***	-4.33693***	-1.71255***
年份	控制	控制	控制	控制	控制	控制	控制	控制
Number of obs	10 752	10 752	10 752	10 752	10 752	10 752	10 752	10 752
Chi-square	2 347.28	2 248.2	2 339.45	2 162.55	5 120.09	2 146.14	2 287.87	2 156.32
Prob > chi2	0	0	0	0	0	0	0	0
Pseudo r-squared	0.3958	0.3791	0.3945	0.3647	0.3626	0.3619	0.3858	0.3636
Log likelihood	-1 791.4367	-1 840.9768	-1 795.3538	-1 883.8045	-1 890.0323	-1 892.0057	-1 821.1434	-1 886.9168

注：*** 表示 $p < 0.01$，** 表示 $p < 0.05$，* 表示 $p < 0.1$。

业服务业从业人员人数作为反映金融活动中 ABS 企业的高级人力资本的变量，发现在模型 1、模型 3、模型 8 中显著为正。

再者，在所有模型中地理距离显著为负，说明地理距离不利于城市之间 ABS 服务的流动，这个结果也与国家尺度结果一致。总体看来，人均GDP、机场客流量、铁路客运量与金融及商业服务业从业人员都显著正向促进了中国内地城市的 ABS 企业被选择提供服务的可能，而城市间地理距离不利于 ABS 服务，这验证了假设 7.1 和假设 7.3。

对于假设 7.2，控制距离因素与 ABS 行业发展因素，考察内地城市在 ABS 合作网络中跨区域的联系对城市的 IPO 服务的影响（模型 1 ~ 模型 3），发现内地城市的国外联系值（foreign）显著为正，这说明内地企业更倾向于选择上一阶段已经融入了世界合作网络中且与国外城市具有较高联系的内地城市提供 ABS 服务；然而，在国内范围城市跨区域联系值（domestic）在模型 2 显著为正，说明上一阶段在世界城市合作网络中与其他国内城市联系紧密的内地城市，更可能被内地企业选择提供服务。总的来说，假设 7.2 得到了验证，即中国 ABS 企业所在城市融入世界城市合作网络中的跨区域联系可以增加被上市企业选择的可能。

7.5 小　　结

本章内容分成两个部分，第一部分通过 ICN 构建了城市网络，第二部分通过对城市尺度的国内范围的 ABS 服务来源地选择的影响因素进行研究，探讨中国 ABS 企业所在城市融入世界城市合作网络能否增加被上市企业选择的可能性，一定程度上揭示中国内地城市融入世界城市合作网络的外部性。

本章研究的贡献包括：

（1）在研究视角上，考察了来自新兴经济体的企业的高端融资活动如何推动了全球城市网络的发展。

（2）结合了合作关系与服务关系，探讨了跨区域合作联系对城市服务功能增长的促进作用。

主要研究结果有：

（1）随着融入城市网络的城市的增加，网络呈现越来越稀疏的状态。

（2）从城市网络的小世界特征来看，境外网络及总体网络符合小世界特征，网络中出现了密集的集群（三元环），形成了小集团。而内地范围的城市网络向随机网络收敛，这一定程度上是内地网络的节点比境外网络节点更少导致的。

（3）从境外城市的三项中心性指标来看，香港、开曼群岛和伦敦在网络中占绝对优势。纽约在早期是除了香港、开曼群岛以外总联系值最高的城市，随着时间推移，纽约在城市网络中的地位逐渐被伦敦及亚太城市取代。北美城市的总联系值较大，但是在网络中的中介功能较弱，而吉隆坡、澳门、悉尼、曼谷、墨尔本等亚太城市虽然总体联系值较小，但是中介功能较强。

（4）从内地城市的三项中心性指标来看，北京、上海、深圳和广州在网络中占据绝对优势。北京是中国顶尖证券企业总部及顶尖律所所在地。上海具备发达的总部经济和全球商业网络，网络中联系值最高的证券企业总部及少量顶级律所也来自上海。广州和深圳接近上市目的地，广州的地位逐渐下降而深圳的地位逐渐上升。

（5）从城市的本地合作与跨区域合作联系来看。境外城市的本地联系值在网络中一直占据最大份额，这一方面是因为融入城市网络的内地城市数量远少于境外城市数量，另一方面是因为香港本地集聚了大量 ABS 企业。在内地城市与境外城市联系在网络中，四大一线城市与香港、伦敦、开曼群岛、新加坡等紧密相连，而且北京—香港联系值最高。中国内地城市以整体内部等级制度嵌入全球体系，除四个一线城市以外，国内其他城市与境外城市的联系较少。在内地范围内的非本地联系中，北京—上海城市对的联系值最大，其次为北京—深圳、北京—广州、深圳—上海等。香港是境外城市非本地合作网络的中心，香港—伦敦、香港—开曼群岛的联系值最高。

（6）从合作联系对城市服务功能的作用来看，中国 ABS 企业所在城市融入世界城市合作网络中的跨区域联系可以增加被上市企业选择的可能。人均 GDP、机场客流量、铁路客运量与金融及商业服务业从业人员都显著正向促进了中国内地城市的 ABS 企业被选择提供服务的可能，而城市间地理距离不利于 ABS 服务。

本章研究的不足之处主要体现在数据方面。本章研究在回归时没有考虑国外城市，主要是因为发展中国家的城市属性数据从相应的国家统计局网站难以获取。

第8章 ABS 企业合作网络演化的多维邻近性效应

8.1 引　　言

目前，网络科学领域建立了大量的创新合作网络，研究网络的结构及演化，但是很少有实证研究反映企业间合作网络，这在很大程度上是由于企业间实际经济合作事件数据收集的困难，尤其是在涉及 ABS 企业的金融领域。而且，从空间视角对企业合作网络的研究比较少，尤其缺乏对金融活动中 ABS 企业合作网络演化及影响因素的研究。尽管潘等（2018a；2018b；2018c）发表了一系列文章，采用 IPO 中 ABS 企业间关系来构建城市网络，但其分析停留在简单的城市节点度排序上，而忽略了网络的演化及对网络形成机制的解释。

本章主要内容分成两个部分：第一个部分分析了内地企业赴港 IPO 中 ABS 企业合作关系形成的网络，第二个部分采用随机行动者模型（stochastic actor-based model，SABM），探讨内地企业赴港 IPO 中企业网络演化及受企业网络结构及企业属性的影响。本章的创新性主要体现在两个方面：第一，采用新颖的数据反映企业间合作网络；第二，结合网络科学领域、经济学领域的研究，探讨邻近性对企业合作网络动态演化的影响。

8.2 企业合作网络特征

8.2.1 企业网络的小世界特征

ICN 符合小世界特征，这意味着在网络中出现了密集的集群，一些企业尤其紧密，形成小集团（见表 8－1）。少数企业在网络中发挥较大的作用。其中，度中心性最高（超过 5 000）的 ABS 事务所为竞天公诚律师事务所，总部设在北京；度中心性最低（8）的为越南国际律师事务所（见图 8－1），总部设在越南。同样，边权值分布也极不均匀。最大边权为239，发生在竞天公诚律师事务所和"Conyers Dill & Pearman"律师事务所之间，而许多事务所形成的企业对只有最小边权（1）。

表 8－1　　　　　　　　　企业合作网络拓扑特征

节点数	929
密度	0.06
节点平均联系值	252.67
节点最大联系值	5 054
节点最小联系值	6
平均路径长度	2.132
平均聚类系数	0.743
随机路径长度	0.280121951
随机聚类系数	1.230027267
小世界商	1.530274035

ICN 中 ABS 企业有三种细分行业类型，节点数量及联系值的分布都非

常不均衡。其中，证券企业节点数量最多，且节点度中心性分布最均衡，其次是律师事务所，最后是会计师事务所。这主要是因为，在一个 IPO 项目中，有许多证券企业扮演承销商的角色，发行者规模越大，就越有可能获得更多的承销商。IPO 项目通常只需要两家律师事务所，一家为发行人提供法律服务，另一家为承销商提供服务。IPO 中只需要一家会计师事务所就可以提供审计服务。

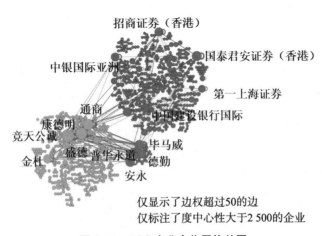

仅显示了边权超过50的边
仅标注了度中心性大于2 500的企业

图 8 - 1　ABS 企业合作网络总图

注：节点的大小表示企业的联系值；边的粗细代表两家企业之间的联系值。节点的布局采用 Mike Bostock 的圆形装填算法，第一个分类指标是行业类型，第二个分类指标是度中心性，第三个分类指标是中介中心性。

8.2.2　中心性领先的证券企业

一线证券企业主要是总部设在北京、上海和深圳的由国资委和中央汇金控股的大型国有银行的投资部门。二线企业是总部设在欧洲和北美的老牌跨国证券企业，如摩根士丹利、美林证券、瑞士联合银行和德意志银行等（见表 8 - 2）。第三梯队的企业是来自香港地区等的企业。度中心性排名前20的券商只有3家总部位于香港。

表 8 – 2   中心性排名前 20 的证券企业

排序	企业名称	度中心性	亲近中心性	中介中心性	企业总部国家	企业总部城市
1	国泰君安证券（香港）有限公司	1.0000	1.0000	1.0000	中国内地	上海
2	中银国际亚洲有限公司	0.8552	0.9231	0.4800	中国内地	北京
3	建银国际金融有限公司	0.8413	0.9231	0.3891	中国内地	北京
4	第一上海证券有限公司	0.8211	0.9554	0.5752	中国香港	香港
5	招商证券（香港）有限公司	0.8004	0.9405	0.5143	中国内地	深圳
6	摩根士丹利亚洲有限公司	0.6396	0.8667	0.1063	美国	纽约
7	海通国际证券有限公司	0.5688	0.8838	0.2040	中国内地	上海
8	摩根大通证券（亚太）有限公司	0.5445	0.8577	0.1006	美国	纽约
9	交银国际证券有限公司	0.5352	0.8738	0.1397	中国内地	北京
10	美林远东有限公司	0.5067	0.8556	0.0737	美国	纽约
11	工银国际融资有限公司	0.4871	0.8493	0.0754	中国内地	北京
12	德意志银行香港分行	0.4824	0.8711	0.1053	德国	法兰克福
13	中国光大证券（香港）有限公司	0.4804	0.9243	0.5256	中国内地	北京
14	瑞士联合银行香港分行	0.4752	0.8477	0.1327	瑞士	苏黎世
15	大福证券有限公司	0.4550	0.9057	0.3671	中国香港	香港
16	农银国际融资有限公司	0.4442	0.8467	0.0849	中国内地	北京
17	美林国际	0.4317	0.8325	0.0336	美国	纽约
18	京华山一国际（香港）有限公司	0.4271	0.8952	0.4972	中国香港	香港
19	招银国际融资有限公司	0.4204	0.8556	0.1044	中国内地	深圳
20	新鸿基国际有限公司	0.4152	0.8998	0.3808	中国香港	香港

8.2.3　中心性领先的律师事务所

中国内地的顶尖律师事务所在合作网络中发挥着越来越重要的作用。北京有四家律师事务所，被称为"红圈"，与伦敦的"魔法圈"类似。在"红圈"所中，竞天公诚、通商律师事务所境外分支机构数量最少，国际化程度最低。由 4.5.2 节可知，参与 IPO 的分支机构中，这两家律师事务所在国内城市的比例最大，而在境外城市的比例最小。金杜律师事务所和君和律师事务所是中国境外分支机构最多的"红圈"律师事务所，参与 IPO 的分支机构中的境外城市所占比例较大（见表 8−3）。

表 8−3　　　　　　　　中心性排名前 10 的法律企业

排序	企业名称	度中心性	亲近中心性	中介中心性	企业总部国家	企业总部城市
1	竞天公诚律师事务所	1.0000	1.0000	0.9403	中国内地	北京
2	康德明律师事务所	0.9135	0.9962	1.0000	开曼群岛	开曼群岛
3	通商律师事务所	0.8129	0.9375	0.5624	中国内地	北京
4	金杜律师事务所	0.6383	0.9097	0.3863	中国内地	北京
5	盛德律师事务所	0.4896	0.9110	0.3678	美国	芝加哥
6	康德明（开曼群岛）律师事务所	0.3958	0.8931	0.3596	开曼群岛	开曼群岛
7	国浩律师集团	0.3055	0.8445	0.1065	中国内地	上海
8	赵不逾·马国强律师事务所	0.2915	0.8566	0.1629	中国香港	香港
9	高伟绅律师事务所	0.2880	0.7961	0.0344	英国	伦敦
10	君合律师事务所	0.2839	0.8440	0.1271	中国内地	北京

排名第二和第六的是总部位于开曼群岛的离岸律师事务所。Conyers Dill & Pearman 是"离岸魔法圈"的成员之一，在众多律师事务所的排名中名列前茅。这主要得益于大部分采用红筹模式上市的企业将注册地设置

在开曼群岛。由 4.5.2 节可知，参与 IPO 项目的两家律师事务所的分支机构主要分布在开曼群岛和香港。

盛德律师事务所和高伟绅律师事务所是起源于芝加哥和伦敦的两家老牌跨国律师事务所，高伟绅律师事务所被列入"魔法圈"。赵不逾·马国强律师事务所是一家总部设在香港的私人律师事务所。

8.2.4 中心性领先的会计师事务所

排名前四位的会计师事务所（德勤、普华永道、安永和毕马威）占据了绝大部分的市场份额（见表 8-4）。所有参与 IPO 的顶级会计师事务所都位于香港，但只有一家由中国香港人创办的会计师事务所（陈叶冯会计师事务所）总部设在香港。相对于证券企业和律师事务所，总部位于中国内地的会计所的比例明显变少。

表 8-4 　　　　　　　　　　　**中心性排名前四的会计所**

排序	企业名称	度中心性	亲近中心性	中介中心性	企业总部国家	企业总部城市
1	德勤·关黄陈方会计师行	1.0000	1.0000	0.9016	美国	纽约
2	罗宾咸永道会计师事务所	0.9025	0.9892	1.0000	英国	伦敦
3	安永会计师事务所	0.8452	0.9696	0.6102	英国	伦敦
4	毕马威会计师事务所	0.6125	0.9153	0.3402	荷兰	阿姆斯特丹

8.3　企业合作网络动态演化模型

本章采用适用于一模网络演化的自动仿真模型——随机行动者模型（SABM）来研究企业合作网络动态演化及影响因素。随机行动者模型由 Snijders et al.（1996，2010）提出，是一种基于随机关系事件的时间序列的自动 logistic 回归程序。

对于本研究而言，SABM 模型相对于其他动态网络演化模型的优势在于：大部分网络演化模型只能考虑新增联系的变化，而 SABM 模型探讨同一个时段内的节点之间的新增联系、删除已有联系以及保持原有的联系，这三种状态都被计入当下的网络状态。国外学者已将 SABM 广泛应用于社会网络动态演化分析中，研究主题包括学校朋友网的发展（Snijders et al.，2013）、产业创新合作网络演化特征（Buchmann and Pyka，2013）等方面。总的来说，SABM 是一个适用于行动者网络演化的较为先进的自动演化模型。

假设每次 IPO 事件中，929 个 ABS 企业中的任一企业被其他 928 个企业选择新建合作、保留当下状态、取消合作的概率相对独立，则 ABS 企业一共进行了 862 112 次合作者的选择，每次选择中又包括三种状态。在四个时段的任意一个时段，某个 ABS 企业 i 改变其在网络中的某个特定联系的概率满足以下目标函数：

$$p_i(\beta, x) = \frac{\exp(f_i(\beta, x))}{\sum \exp(f_i(\beta, x'))} \qquad (8.1)$$

$$f_i(\beta, x) = \sum_k \beta_k s_{ki}(x) \qquad (8.2)$$

式（8.1）、式（8.2）中，x 表示由 ABS 企业 i 改变某个特定联系而形成的网络状态；x′表示 ABS 企业 i 任意改变任何联系而形成的网络状态；$p_i(\beta, x)$ 表示网络因为 ABS 企业 i 的改变而变成 x 的概率。$f_i(\beta, x)$ 为效应的目标函数，$s_{ki}(x)$ 是效应，β_k 是系数。

SABM 中，外生效应可能对网络演化造成四种基本影响，即 ego（或 activity）、alter（或 popularity）、same 及 similarity。ego 如果估计为正，则表明该属性变量值越高的行动者，活动能力越高，越可能有更高的出度；alter 如果估计为正，则表明该属性变量越高的行动者，越受其他行动者欢迎，越可能有更高的入度；如果 similarity 估计值为正，则表明该属性值相似的行动者之间联系更紧密；如果 same 估计值为正，则表明该属性值相等的行动者之间联系更紧密。

8.4 企业合作网络动态演化的多维邻近性效应

地理学界缺乏对金融活动中 ABS 企业合作网络演化及影响因素的研究，但从邻近性视角下对科学技术合作形成的创新网络（CNST）的演化研究较为丰富。在技术创新网络中，企业间的邻近性是进行伙伴选择并建立合作关系的必要条件。马歇尔（1920）提出了地理邻近性有利于企业间面对面沟通隐性知识学习和创新。波斯玛（2005）认为随着通信技术的不断发展，地理邻近性不再直接影响创新网络的发展，而是通过引发了社会、组织、制度和认知邻近性而间接影响创新网络。随后，大量学者研究了多维邻近性对于创新网络的影响（周青和侯琳，2013；Heringa et al.，2014；李琳和张宇，2015；刘凤朝等，2014）。

然而，不同细分行业类型的服务业的空间分布对邻近性的响应不同（Illeris，1994）。IPO 是极度高端的金融活动，ABS 企业合作网络的演化是否同样受到多维邻近性的影响，这个问题有待探讨。大量研究发现，相对于其他服务业，金融服务业的集聚特征更加突出，对于地理邻近性更加重视（梁颖，2006）。

本章结合网络科学领域对网络演化、经济学领域对上市中介机构的研究及地理学邻近性的研究，探讨影响内地企业赴港 IPO 中行动者网络演化的因素，提出了以下网络演化的效应。

8.4.1 ABS 企业度中心性

在社交网络演化中，上一时段度中心性高的行动者在下一时段往往能够更多地主动与其他行动者建立联系或者吸引其他行动者与其建立联系，导致下一时段的度中心性更高。网络演化中度中心性的自我强化过程是网

络演化中度中心性马太效应的体现（Merton，1968；Price，1976），在大量
社交网络的研究中得到了验证，在 SABM 中，这种过程可以用 Degree-alter
效应表示。那么，在本章研究的金融活动形成的企业合作网络演化过程
中，是否也存在这种效应，这个问题有待探讨。

在企业合作关系中存在路径依赖（Gulati，1998），企业在未来的合作
伙伴选择会受到历史时期合作关系的影响。大量企业合作网络的研究证
实，融入企业合作网络能够提升企业绩效，促进企业创新（Schilling and
Phelps，2005；Ozman，2009）。加入由企业并购活动形成的金融企业间合
作网络的 ABS 企业增长更迅速（Pažitka，2017）。由此，提出以下效应。

效应 8.1：在内地企业赴港 IPO 形成的 ABS 企业合作网络的演化中，
存在 Degree-alter 效应。即在上一时段拥有更高度中心性的 ABS 企业，在
下一时段更可能与其他企业建立更多连接。

8.4.2　ABS 企业声誉

在 IPO 中，中介机构考虑到自己的未来收益和无形的声誉资本，在上
市中介服务中会考虑合作者的品质及其对自身声誉可能产生的影响。实证
研究发现，ABS 企业声誉影响了 IPO 中 ABS 企业之间的合作关系。高声誉
的承销商更倾向于与高声誉的会计所合作，而且发行人聘请高声誉的会计
所也将得到更高的市场回报（Balvers et al.，1988），出于对自身声誉的保
护，高声誉的承销商往往会鼓励拟 IPO 企业选择高质量的审计师（Beatty
and Ritter，1986）。

基于以上分析，提出效应：

效应 8.2：ABS 企业声誉影响企业合作网络的演化。

效应 8.2a：高声誉的 ABS 企业倾向于选择高声誉的 ABS 企业合作，
在 SABM 中记作 Reputation alter × reputation ego 效应。

效应 8.2b：出于保护自己声誉的目的，ABS 企业倾向与声誉相似的
ABS 企业合作，在 SABM 中记作 Reputation-similarity 效应。

ABS 企业声誉是难以量化的概念，大量研究根据 Megginson 和 Weiss（1991）提出来的市场份额法来衡量。在本章研究的内地企业赴港 IPO 行为中，根据 M - W 市场份额法，采用某时段内 ABS 企业募资的 IPO 金额数目及参与的 IPO 数量来衡量 ABS 企业声誉，并研究其对企业合作网络演化的影响，这在一定程度上探索了内地企业与 ABS 企业之间的服务关系对 ABS 企业合作关系的影响。

8.4.3 社会邻近性——互惠与传递连带效应

嵌入相同或相邻的社会网络的行动者更容易相互信任，促进了知识转移与复杂或敏感知识的交换（Inkpen and Tsang，2005）。在知识技术构建的创新网络中，企业选择合作伙伴时，更青睐与之已有频繁业务往来的其他主体，这更有效地促进了知识的扩散（夏丽娟等，2017）。然而，如果企业之间信任过度，这种机会主义带来的不可预测的风险又大大加剧（Oerlemans and Meeus，2005），过度的社会邻近将产生锁定效应并导致创新网络封闭。

为验证 IPO 形成的金融服务业企业合作网络的演化中是否也受到社会邻近性影响，提出以下效应：

效应 8.3：ABS 企业之间的社会邻近性影响合作过程的相互选择。

已有研究主要根据两个企业之间已有合作次数来衡量社会邻近性（吕国庆，2014），本章借鉴这种思路，采用 SABM 中的互惠作用效应和传递连带效应来衡量企业之间的社会邻近性。

在社交网络中，互惠作用是社会网络中比较常见的效应，在网络演化的整个过程中都十分显著（Wasserman and Faust，1994），代表了两个行动者的互相选择的作用。在 IPO 过程构建的 ABS 企业合作网络中，企业的互惠作用效应为正代表企业之间倾向于互相选择，即 T - 1 时段 i 企业选择了 j 企业，则 T 时段 j 企业也会倾向于选择 i 企业。

传递连带作用也是社会网络中常见的效应，意味着三个成员的联系是可传递的。传染理论认为社会网络为行动者们提供了信息、态度和行为的接触机会，这些接触增加了网络成员形成相似信念、假设和态度的可能性（Carley and Kaufer, 1993）。在 IPO 过程形成的 ABS 企业合作网络中，传递连带效应为正代表 i 企业与 j 企业联系，且 j 企业与 h 联系，则 i 企业更倾向于与 h 企业建立联系。

效应 8.3a：ABS 企业合作演化存在互惠作用效应，在 SABM 中记作 Reciprocity 效应。

效应 8.3b：ABS 企业合作演化受到传递连带作用影响，在 SABM 中记作 Transitive triplets 效应。

8.4.4　制度邻近性——所有制属性相同效应

制度邻近性在宏观尺度意味着国家或地区规章制度的相似性，位于同一国家的企业受到的制度约束及价值观的影响具有一定的相似性。在知识技术创新网络中，大量研究采用所有制属性是否相同来衡量企业的制度邻近性（Balland et al., 2013；刘婧玥和殷存毅，2018），并验证了制度邻近性的作用，即拥有相同所有制属性的企业倾向于相互选择。那么，在境外 IPO 活动形成的 ABS 企业合作网络中，是否同样存在这种效应，即来自同一国家的 ABS 企业倾向于互相选择？

本章研究的内地企业赴港 IPO 中 ABS 企业合作属于跨国金融服务的合作。企业跨国战略联盟的研究表明，跨国公司在初次进入新兴市场时，倾向于与东道国企业进行战略结盟，从而向东道国企业学习本地化经验、培养社会关系、降低制度环境的压力。在中国国企改革的过程中，也倾向于通过引进境外战略投资者进行合作，从而向外资学习并增强企业竞争力（戴璐，2013）。在本章研究的内地企业赴港 IPO 的早期阶段，在香港证券市场上，中资 ABS 企业难以提供境外 IPO 需要的高级金融技术知识和人才，而且中资承销商往往由中央汇金或国资委控股，在证券市场难以受到国际资本信任（Wojcik and Camilleri, 2015）。因此，中资 ABS 企业相对于高声誉的外资 ABS 企业缺乏竞争力。那么，在境外 IPO 中，中资 ABS 企业是否也需要通过与外资或港资 ABS 企业合作来获取本地化的优势、培养社会关系，并且降低制度距离带来的影响？所有制属性差异是阻隔 ABS 企业的合作，还是促进了 ABS 企业的合作？为探讨这个问题，本章提出以下效应：

效应 8.4：ABS 企业合作受到了制度邻近性影响。ABS 企业倾向于会选择所有制属性相同或相似的 ABS 企业来进行合作，在 SABM 中记作 Same ownership 效应。

8.4.5 组织邻近性——总部集团相同效应

行为主体之间同一个组织安排即为组织邻近性，相似的组织架构会使得知识的传播更顺利，也更容易开展二者的配合和合作（Boschma，2005；贺灿飞等，2017）。Balland et al.（2013）提出以企业之间是否属于同一集团公司或者母公司来衡量组织邻近性。

大量 ABS 企业在不同城市设有分支机构，在本章数据库中记作不同的企业，在为内地赴港 IPO 企业提供 IPO 中介服务时，同一集团的不同城市的 ABS 企业往往出现在同一个 IPO 事件中，这种特征在律所中体现最为显著；证券或投行企业往往在同一个城市拥有不同组织级别的分支机构，而属于同一集团、同一城市的证券企业也经常出现在同一个 IPO 事件中，不同级别的分支机构承担不同的承销职能。因此，提出以下效应：

效应 8.5：ABS 企业合作受到组织邻近性影响。ABS 企业倾向于选择同属于一个集团的企业来进行合作，在 SABM 中记作 Same Group 效应。

8.4.6 地理邻近性

大量研究强调了地理邻近性对企业合作网络发展的重要性。一方面，地理邻近性提高了面对面沟通的频率，促进了强关系的建立（Capaldo and Petruzzelli，2014；Singh and Marx，2013），从而提高了组织间信任水平，有利于隐性知识传播，从而促进企业的创新；另一方面，地理邻近可以减少企业的运输成本和沟通成本。

部分学者认为地理邻近与企业关系强度不相关（Ganesan et al.，2005），而且网络和知识流动同时具有地方性和全球性（Andersson and Karlsson，2007）。从知识流动的角度来看，许多企业的知识并非来自地理邻近的区域，尤其是那些基于创新驱动增长的企业，这些企业的知识往往来自国际。

在本章研究的 IPO 活动中，ABS 企业来自不同的世界城市，地理邻近性是否依然重要？为探讨这个问题，提出以下效应：

效应 8.6：ABS 企业合作受到地理邻近性影响。地理距离相隔越大的企业，地理邻近性越低，越不容易相互选择。在 SABM 中记作 Distance 效应。

8.5　ABS 企业合作网络演化结果

8.5.1　变量的选取

变量选取见表 8 – 5。

表 8 – 5　　　　　　　　企业合作网络演化的变量选取

变量名称		符号	变量含义	编码	数据类型与来源
因变量	企业合作联系	Link	T 时段两个企业之间是否建立联系	T 时段两个企业 i 和 j 之间是否建立联系，记作 x_{ij}；两个企业建立联系赋值为 1，两个企业未建立联系赋值为 0	动态关系矩阵，由内地企业赴港 IPO 数据库生成

变量名称		符号	变量含义	编码	数据类型与来源
自变量	企业度中心性	Degree（Density）	T 时段企业度中心性	T 时段企业 i 与所有其他企业的联系值，公式为 $\sum_i x_{ij}$	动态关系矩阵，SABM 生成
	企业度中心性	Degree of alter	反映企业节点度中心性的马太效应	T 时段已拥有较高度中心性的企业 i 扩展更多的连接，公式为 x_i^2	
	企业声誉	Reputation	反映企业市场份额及 IPO 中服务关系对合作关系的影响	T 时段某细分行业 ABS 企业 i 在某段时间承销的 IPO 的总企业数和累积承销金额占该细分行业总样本的比例，各赋权重 50% 加权得分，记作 v_{Ri}	动态节点属性，由本章数据库计算得到
		Similarity Reputation	反映声誉相似性	T 时段企业 i 倾向于与声誉相似的企业 j 建立联系，公式为 $\sum_j x_{ij}(sim_{ij}^{vR} = \widehat{sim^v})$	
	互惠作用	Reciprocity	反映社会邻近性	T 时段企业 i 对 T−1 时段与其相连的企业 j 的连接值，公式为 $\sum_j x_{ij}x_{ji}$	动态关系矩阵，SABM 生成
	传递连带	Transitive triplets		T 时段企业 i 对 T−1 时段与其（通过企业 h）间接相连的 j 企业的连接值，公式为 $\sum_{j,h} x_{ij}x_{ih}x_{hj}$	
	企业所有制属性	Ownership		企业 i 的所有制属性，记作 v_{oi}，由企业总部所在国衡量	静态节点属性类别值，内地企业赴港 IPO 数据库
	企业集团名称	Group		企业 i 的全球总集团名称编码，记作 v_{Gi}	
	企业所有制属性	Same ownership	反映制度邻近性	企业 i 倾向于与所有制属性相同的企业 j 建立联系，公式为 $\sum_j x_{ij}\{v_{oi}=v_{oj}\}$	静态关系矩阵，SABM 生成
	集团总部	Same Group	反映组织邻近性	企业 i 与 j 是否属于同一集团或母公司，记作 v_G，公式为 $\sum_j x_{ij}\{v_{Gi}=v_{Gj}\}$	

变量名称		符号	变量含义	编码	数据类型与来源
自变量	地理距离	Distance	反映地理邻近性的影响	企业 i 与企业 j 所在城市之间的距离，记作 v_D，根据球面距离公式计算	静态关系矩阵，内地企业赴港 IPO 数据库

本章采用 M – W 市场份额排名法测量 ABS 企业声誉，声誉等级排名系统由 Megginson 和 Weiss 于 1991 年提出，以各承销商在证券承销市场中的相对承销份额（即承销商的全部承销额与行业总承销额的比值）作为承销商声誉的衡量指标，市场份额越大的承销商表明其声誉也越高。

首先，根据本研究建立的内地企业赴港 IPO 数据库，获取该 ABS 企业在四段时间内参与的内地企业 IPO 的总企业数目和首发募资金额占总样本的比例，每段时间内的企业数量与募资金额各赋权重 50% 的加权得分。

需要说明的是，在网络动态演化的模拟中，对于变化的变量来说，四个时期中，最后一个时期的数据没有意义，只采用前三期的数据进行模拟。

8.5.2　总体网络演化过程

如图 8 – 2 所示，相互联系的企业数量随时间逐渐增加。网络密度从第一时段到第二、第三时段下降显著，第三时段有所回升（见表 8 – 6）。网络平均度则呈现波动上升的趋势。

在三个阶段的演化过程中，网络边联系变化包括进入、退出及维持现状等状态。由企业网络边联系变化表（见表 8 – 7）可知，绝大部分边联系在三个阶段演化中都保持未建立联系的稀疏连接状态（0→0 边数）。边联系从无到有的过程（0→1 边数）与从有到无的过程（1→0 边数）

的变化趋势相反，总体看来，进入或退出状态的边联系数量都呈增加趋势。Jaccard 指数大于 0.2 表明该网络的形成过程适合采用基于随机行动者的模型进行建模（Snijders et al.，2010），随着网络的演化，Jaccard 值越来越大。

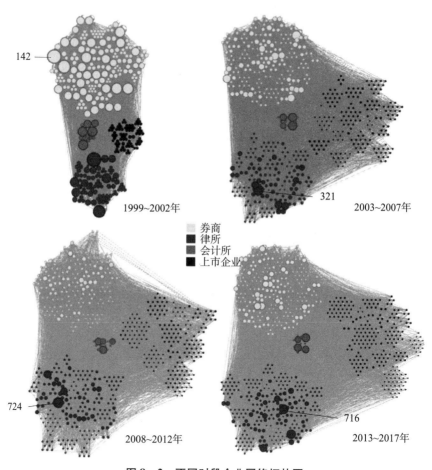

图 8-2　不同时段企业网络拓扑图

注：拓扑图布局采用 Mike Bostock 的圆形装填算法，第一个分类指标是行业类型，第二个分类指标是度中心性；每个时段中节点的大小代表了节点的度中心性在该时段中的相对大小，每幅图中指出了该时段度中心度最大的节点及其数值；没有与其他企业建立联系的企业节点不予显示。

表 8 - 6　　　　　　　　　不同时段企业网络结构指标

网络结构指标	1999~2002 年	2003~2007 年	2008~2012 年	2013~2017 年
节点个数	334	577	620	739
网络密度	0.008	0.020	0.015	0.023
网络平均度	7.538	18.287	14.050	21.417
边数	6 980	16 934	13 010	19 832

注：表中为所有节点，包含每个时期未与其他节点建立联系的节点。

表 8 - 7　　　　　　　　　企业网络边联系变化

Periods	0→0 边数	0→1 边数	1→0 边数	1→1 边数	Jaccard
T1→T2	1 357 945	9 736	825	3 490	0.248
T2→T3	1 351 837	6 933	2 313	10 913	0.541
T3→T4	1 343 725	10 425	2 098	15 748	0.557

注：T1、T2、T3、T4 分别代表了 1999~2002 年、2003~2007 年、2008~2012 年、2013~2017 年四个不同时段，T1→T2、T2→T3、T3→T4 代表了网络演化的三个过程。

8.5.3　企业合作网络演化结果

参考 RSiena 手册（Ripley et al.，2015），采用 R 语言中的 RSIENA 模块进行网络演化的分析。在 SABM 演化结果中，收敛（convergence）t-ratio 也称作偏离目标的 t 统计量，是衡量效应是否收敛的指标，如果效应系数的 t-ratio 的绝对值高于 0.1，则意味着该效应系数不收敛；对于演化模型整体来说，最大收敛率（overall maxium convergence）应该不大于 0.25（Ripley et al.，2015）。在本章构建的 ABS 企业合作网络的演化中，最大收敛率为 0.0930，小于 0.25，说明演化模型收敛。大部分效应的 t-ratio 都小于 0.1，意味着大部分效应估计值收敛，参数值显著。

表 8 - 8 所示的前四个参数均为社会网络演化中的常见效应。网络密度效应（density）不显著表明位于密集族群中的 ABS 企业不一定更倾向于与

其他企业建立联系。度活动效应（degree of alter）显著为正表明 ABS 企业的度中心性具有自我强化的倾向，更高的度中心性的 ABS 企业更容易被其他企业选择。Reciprocity 效应为正表明 ABS 企业的相互选择具有互惠特征，Transitive triads 效应显著为正表明 ABS 企业的相互选择具有传递连带的特征，社会邻近性增强了企业合作网络中路径依赖的趋势。

表 8－8 企业合作网络演化结果

	参数估计	标准误	收敛 t-ratio
Rate parameters：			
0.1　Rate parameter period　1	42.7457	0.4674	−0.0469
0.2　Rate parameter period　2	54.474	0.6008	0.0134
0.3　Rate parameter period　3	59.0009	0.6373	−0.0018
Other parameters：			
1. eval：Degree（density）	−1.7976	NA	168.9083
2. eval：Reciprocity	2.3375	0.0096	0.0668
3. eval：Transitive triads	19.9802	18.4232	0.047
4. eval：Degree of alter	9.4789	9.0881	0.051
5. eval：Distance（centered）	−0.6432	0.3833	0.108
6. eval：Reputation similarity	0.0939	0.0043	−0.038
7. eval：Reputation ego × Reputation alter	71.0099	12.6007	−0.048
8. eval：Same group	1.2759	0.8954	0.095
9. eval：Same ownership	2.3422	0.1995	−0.021
Overall maximum convergence ratio	0.0930		
Chi-squared	138 650.6		
P	0.0000		

后五个参数为与企业属性有关的效应。声誉相似性效应（reputation-similarity）显著为正表明拥有相似声誉的 ABS 企业更倾向于相互选择，可能是出于保护自己声誉的目的。Reputation ego × Reputation alter 效应为正表

明具有更高声誉的 ABS 企业更主动选择与其他 ABS 企业建立联系，同时更容易被其他企业选择。声誉相关的效应一定程度上还反映了内地企业赴港 IPO 事件中，ABS 企业与内地企业的服务关系对 ABS 企业之间的合作关系具有促进作用。

Distance 效应为负意味着 ABS 企业更倾向于与地理邻近的企业建立联系。Same group 效应显著为正意味着同属于一个集团的 ABS 企业更倾向于建立联系。Same ownership 效应显著为正意味着拥有相同所有制属性的 ABS 企业更倾向于建立联系。总的来说，社会、制度、组织、地理邻近性有利于 ABS 企业之间相互选择。

8.6　小　　结

本章内容探讨内地企业赴港 IPO 中 ABS 企业合作关系形成的网络，并采用随机行动者模型，探讨企业合作网络动态演化及多维邻近性的效应。

本章研究的创新性主要体现在两个方面：第一，采用新颖的数据反映企业间合作网络；第二，结合网络科学领域、经济学领域的研究，探讨邻近性对企业合作网络动态演化的影响。

主要结果有三个方面：

（1）ICN 具备小世界特征，少数企业形成了密集的族群。证券企业是网络中数量最多，但联系值分布相对平衡的行业类型；律师事务所数量第二，联系值分布体现出极大的不平衡；会计师事务所的数量是最少的，而且联系值分布是最不平衡的。

（2）ICN 中的证券企业和会计师事务所主要是大型跨国企业的香港分支机构，但总部设在香港的企业较少。一线证券企业主要是总部设在北京、上海和深圳的由国资委或中央汇金控股的大型国有银行的投资部门，二线证券企业为总部设在欧洲和北美的老牌跨国证券企业；一线顶尖律师事务所为中国内地的"红圈"律所，二线律所为开曼群岛的离岸律所；顶级会计师事务所是西方老牌事务所，总部设在伦敦、纽约、阿姆斯特丹等地。

（3）ABS 企业的度中心性及声誉具有自我强化的倾向，更高的度中心性或声誉的 ABS 企业更容易被其他企业选择。两个 ABS 企业倾向于相互选择，多个 ABS 企业之间的相互联系具有传递的特征，声誉相似、所有制属性相同、总部集团相同的 ABS 企业倾向于相互选择。社会、制度、组织、地理邻近性增加了 ABS 企业相互选择的可能性。

需要说明的是，在邻近性效应的探讨中，本章尝试以 ABS 企业的行业相似性来体现认知邻近性，但是每个 IPO 事件往往只有一个会计师事务所，考虑行业相似性从数据源的角度来看实际意义非常有限，因此最终没有考虑认知邻近性。

第9章 结论与展望

9.1 结　　论

通过招股说明书、企业官网、金融数据库搜集数据，建立了内地企业赴港 IPO 数据库。采用回归分析和复杂网络分析、空间分析等方法，分析了 1999～2017 年内地企业赴港 IPO 过程中，内地赴港 IPO 企业、ABS 企业的空间分布，并分别根据企业间服务关系和企业间合作关系构建了企业网络和城市网络。

9.1.1　赴港 IPO 中内地企业与 ABS 企业的空间分布及企业间关系形成的网络的空间结构特征

1. 赴港 IPO 中上市企业与 ABS 企业的空间分布

随着中国改革开放程度日益加深，中国内地赴港 IPO 企业总部由东部向中西部扩展，从经济发达地区向欠发达地区蔓延。中国赴港上市企业从行业类型上看，以工业工程、地产、纺织服装、金融等行业为主；从所有制属性来看，从早期的以国企为主逐渐发展为以民营企业为主。大部分参与 IPO 的 ABS 企业所在地与其总部所在地不同，集中分布于香港地区、内地东部沿海、美国东部和西北沿海，以及东南亚、欧洲和大洋洲的国际金融中心。大部分实际参与 IPO 的 ABS 企业分支机构不同于其总部所在城市。内地企业上市实体注册地与离岸律所的空间分布相关。由于监管宽松、税收减免等原因，大部分赴港 IPO 企业选择在开曼群岛等离岸金融中心注册，通过"红筹模式"上市，境外注册的内地企业需聘请来自注册地的离岸律所，这些离岸律所主要来自开曼群岛、百慕大、新加坡及香港等。

2. 内地赴港 IPO 企业与 ABS 企业的服务关系形成的城市网络的空间结构特征

中国内地企业赴港 IPO 中的企业间服务关系增强了世界城市网络中内地城市的控制指挥中心功能及世界城市的金融服务中心功能：北京、上海、深圳、广州是网络中的控制指挥中心，香港、开曼群岛、伦敦是金融服务中心。随着时间的推移，四大内地一线城市逐渐成为重要的服务提供者。香港是上市所在地，聚集了很多国际 ABS 企业，在承销、法律及审计的服务上均有绝对优势。伦敦在网络中的重要性，得益于香港与伦敦之间的紧密联系及伦敦的老牌知名跨国投行。开曼群岛在法律服务方面的重要性仅次于香港和北京，主要是因为开曼群岛是内地赴港上市企业最大的境外注册地。国内地一线城市在网络中的服务功能主要体现在本地法律服务上。不同所有制属性的中国内地企业的赴港 IPO 活动塑造了不同的城市网络。在跨国联系中，中国内地民营企业与开曼群岛等离岸金融中心或纽约等美国的城市联系更紧密，而国有企业与伦敦等欧洲的城市联系更为紧密。在国内联系中，央企主导了香港—北京城市对，国企主导了香港—上海城市对，民营企业主导了深圳—香港、广州—香港城市对。

3. ABS 企业之间的合作关系形成的城市网络的空间结构特征

随着融入合作网络的城市不断增加，网络呈现越来越稀疏的状态，内地范围的城市网络是随机网络，但境外网络及总体网络符合小世界特征。在境外城市中，香港、开曼群岛和伦敦占据绝对优势。北美城市的总联系值较大，但中介功能较弱，而吉隆坡、澳门、悉尼、曼谷等亚太城市总联系值较小，但中介功能较强。随着时间推移，纽约在城市网络中的地位逐渐被伦敦及亚太城市取代。在内地城市中，北京、上海、深圳和广州占据绝对优势。北京集聚了最多的中国顶尖证券企业及顶尖律所。上海是联系值最高的证券企业总部及少数顶级律所所在地。广州和深圳接近上市目的地，但广州的总联系值排名逐渐下降，而深圳的排名逐渐上升。在内地城市与境外城市的合作网络中，北京—香港联系值最高。在内地范围内的非本地联系中，北京—上海城市对的联系值最大。在境外城市非本地合作网络中，香港—伦敦、香港—开曼群岛的联系值最高。

9.1.2 赴港 IPO 中企业间关系形成的网络的影响因素

1. 内地赴港 IPO 企业与 ABS 企业之间服务网络形成的影响因素

在国家尺度，ABS 服务来源国的商业服务业出口比较优势、人均GDP、机场客流量、与中国签订自由贸易协定显著正向促进了各国对中国出口 ABS 服务。各国与香港的地理距离不利于各国向中国出口 ABS 服务。各国与香港或中国内地的文化距离均不利于服务贸易联系。通过香港设立分支机构间接为中国提供 ABS 服务的模式一直以来都占主导地位，与中国制度距离越大或与香港制度距离越小的国家，越倾向于通过在香港设立分支机构为中国提供服务。随着中国经济的增长，中资 ABS 企业在赴港 IPO中所占的市场份额也越来越大，原因包括中国高级商业服务业的提升、国家政策支持及全球金融危机带来的机会。在城市尺度，中国内地城市在ABS 企业合作网络中的跨区域联系增加了内地城市为上市企业提供 ABS 服务的可能。

2. ABS 企业合作网络演化的多维邻近性效应

在 ABS 企业合作网络演化过程中，存在明显的路径依赖趋势，ABS 企业的度中心性及声誉具有自我强化的倾向，更高的度中心性或声誉的 ABS企业更容易被其他企业选择。两个 ABS 企业的选择具有互惠的特征，多个

ABS 企业之间的相互联系具有传递的特征。声誉相似、所有制属性相同、总部集团相同的 ABS 企业倾向于相互选择。社会、制度、组织、地理邻近性促进了 ABS 企业的相互选择。

9.2　创　新　点

第一，本书系统地研究了中国内地赴港 IPO 企业及相关 ABS 企业的空间分布。采用空间分析方法研究了不同时间段的内地赴港 IPO 企业总部、离岸注册地与离岸律所、ABS 企业分支机构及不同属性主导下的两类行为主体的空间分布特征。在数据方面，本书通过多种途径进行大量资料的查找及多来源资料复查，建立了完整的内地企业赴港 IPO 数据库。

第二，本书系统研究了内地企业赴港 IPO 中行动者的服务关系和合作关系形成的企业网络和城市网络，探索了中国城市和企业通过高端融资活动形成的城市网络的格局。此外，不同于以往城市网络研究对城市节点度的简单排序，本书充分融合了网络科学领域的理论和方法，在网络构建、网络分析指标以及网络演化模型上都有一定的创新。在网络构建上，本书根据实际经济活动构建一模网络，避免了连锁网络模型中的冗余连接，而且为避免一模网络对数据的遗漏，本书构建了多个不同属性主导下的二模网络；在网络分析指标上，本书不仅包含了传统的中心性指标，也包含小世界网络特征等网络拓扑结构指标；在网络演化的研究中，采用先进的 SABM 模型对多维邻近性进行了探讨。

第三，本书探讨了内地赴港 IPO 企业与相关 ABS 企业形成的网络的机制。首先，首次采用国际服务贸易的理论进行 ABS 服务来源地影响因素的研究，并对香港的中介作用进行了探讨。在数据方面，本书突破了服务贸易统计数据口径和尺度对于国际贸易领域研究的限制，以具体的服务事件研究国际服务贸易，而且反映了高级生产性服务业的服务贸易中的商业存在和自然人流动。其次，本书探讨了 ABS 企业合作网络动态演化中的多维邻近性效应。最后，本书结合服务关系与合作关系，探讨了跨区域合作联系对中国内地城市 ABS 服务功能的促进作用。

9.3 不足与展望

9.3.1 采用新颖的数据构建城市网络的局限性

近几年，不同于 GaWC 小组基于全球统一标准数据采用连锁网络模型构建的世界城市网络，少量城市网络学者开始采用新颖的数据，从某个特定国家的视角去探讨某个特定行业的企业在全球范围上的战略布局及其形成的城市网络。比如，城市网络学者 Martinus 和 Tonts（2015）研究澳大利亚能源企业在全球形成的城市网络，展示澳大利亚在能源方面的全球战略布局；金融地理学者 Pažitka et al.（2019）采用英国金融服务业企业的关联投资数据构建全球范围的城市网络，反映了英国在金融行业上的全球战略。本书紧随这种城市网络研究的新思路，基于中国内地企业赴港 IPO 事件中的实际的企业联系数据构建全球范围内的企业及城市网络。

一方面，本书采用了新颖的数据；但另一方面，本文的数据基于特定区域、特定事件，具有一定的局限性，无法遍历全球网络的全貌，仅能反映一定时期特定新兴发展中国家通过高端金融活动融入全球网络的过程与机理。

（1）在空间尺度上，本书刻画的网络不能反映所有国家形成的全球金融网络。①不同国家基于特定的战略形成的城市网络不同，本书仅反映中国这种新兴发展中国家的城市网络。②赴港上市形成的城市网络与赴其他境外市场形成的城市网络不同。虽然中国赴港上市企业数量居所有境外市场之首，研究赴港上市具有很强的代表性，但是基于赴港上市数据构建的网络突出了少部分世界城市（如香港）及少部分港资企业。在赴美上市形成的网络中，纽约、华盛顿等城市的重要性则会更加突出。

（2）在时间尺度上，本书反映了具体发生的赴港 IPO 事件构建的网络的动态过程，并且在各个章节都分时段探索了企业及城市网络的结构特征，本书的仍然具有一定的时效性，数据时间范围为 1999～2017 年。

虽然本书存在上述局限性，但是这种基于招股说明书的企业关联研究需要大量的数据支撑，本书的研究目前不具备反映全球网络全貌的研究的客观条件，未来将通过获取所有交易所的所有国家上市企业的关联数据来构建全球网络。本书的研究重点在于体现由高端金融活动形成的网络的动态过程。一旦某个 IPO 成功，这个事件就结束了，然而，这个事件会持续发生和变化，在地理空间上留下记录并形成了特定的网络，这个网络是鲜活的、动态的。

9.3.2 多尺度探讨网络影响因素的局限性

（1）受限于宏观统计数据以及已有实证研究的匮乏，本书国际 ABS 服务贸易提出的影响因素不全面。首先，目前涉及 ABS 服务来源国选择的国际贸易理论研究及国际服务外包来源国选择的实证研究非常少，本书首次尝试搭建了赴港 IPO 中进口 ABS 服务来源国影响因素的理论框架；其次，受限于国际服务贸易统计数据的不完整，部分国际贸易研究中常用的指标在本书中无法获取，只能以其他指标替代。

（2）在探讨城市网络影响因素时，通过各国统计局网站查找世界城市的 GDP 或人口等属性数据，但因各种原因无法全面获取，因此，难以研究跨国的城市尺度的影响因素。

（3）在 IPO 实务中，上市中介的选择及组合除了本书提到的声誉机制及邻近性效应外，还有很多其他金融领域方面的因素有待探讨，而且承销商、法律顾问和审计的职能不同，对于不同的影响因素的响应还需深入研究。

　　随着中国企业融入全球资本的步伐加快，金融服务业境外扩张，金融地理学对境外上市中 ABS 企业关系的研究将越来越重要。在以后的研究中，内地企业赴港 IPO 中的相关问题可以进一步深化，例如，深入探讨中国内地与香港的关系，或进行分区域的网络研究，如针对粤港澳大湾区的网络的研究。

附录　缩略语对照表

序号	中文全称	英文全称	英文缩写
1	首次公开发行	Initial Public Offering	IPO
2	高级商业服务业	Advanced Business Service	ABS
3	香港证券交易所	Hong Kong Stock Exchange	HKSE
4	高级生产者服务业	Advanced Producer Service	APS
5	全球化与世界城市研究网络	Globalization and World Cities Research Network	GaWC
6	世界城市网络	World City Network	WCN
7	连锁网络模型	Interlocking Network Model	INM
8	外商直接投资	Foreign Direct Investment	FDI
9	外国附属机构服务贸易	Foreign Affiliates Trade in Services	FATS
10	显性比较优势指数	Revealed Comparative Advantage	RCA
11	更紧密经贸关系的安排	Closer Economic Partnership Agreement	CEPA
12	英属维尔京群岛	the British Virgin Islands	BVI
13	国际服务贸易统计手册	Manual on Statistics of International Trade in Services	MSITS
14	企业间合作网络	Interfirm Collaboration Network	ICN
15	科学技术合作网络	Collaboration Network in Science and Technology	CNST
16	随机行动者模型	StochasticActor – Based Models	SABM

参 考 文 献

[1] 曹麦, 苗莉青. 制度因素对中国文化产品出口的影响 [J]. 生产力研究, 2013 (1): 69-72.

[2] 陈初升, 衣长军. 香港上市——福建省民营企业国际融资战略探讨 [J]. 科技情报开发与经济, 2005 (7): 185-187.

[3] 程大中. 中国服务业的增长与技术进步 [J]. 世界经济, 2003, 26 (7): 35-42.

[4] 崔洁冰. "金砖国家" 服务贸易竞争力影响因素的实证分析 [D]. 大连: 东北财经大学, 2013.

[5] 戴璐. 国有企业与外资合作的联盟特征, 学习演进与变革过程 [J]. 管理学报, 2013, 10 (8): 1116.

[6] 高淑华. 互联网企业境外上市财务绩效研究 [D]. 北京: 首都经济贸易大学, 2014.

[7] 高彦军. 中国企业应对反倾销的策略研究 [J]. 中国外资, 2013 (A08): 38.

[8] 耿建新, 朱保成. 内地企业香港上市原因分析及应注意的问题 [J]. 财务与会计, 2006 (13): 22-24.

[9] 何骏, 郭岚. 中国服务贸易竞争力提升研究——基于全球主要服务贸易国家面板数据的实证分析 [J]. 山西财经大学学报, 2013 (3): 44-45.

[10] 贺灿飞, 金璐璐, 刘颖. 多维邻近性对中国出口产品空间演化的影响 [J]. 地理研究, 2017, 36 (9): 1613-1626.

[11] 胡霞，魏作磊. 中国城市服务业发展差异的空间经济计量分析 [J]. 统计研究，2006（9）：54 - 59.

[12] 孔瑷. 对境内企业在香港上市的研究分析 [J]. 外国经济与管理，1993（8）：18 - 21.

[13] 雷光勇，李书锋，王秀娟. 政治关联、审计师选择与公司价值 [J]. 管理世界，2009，7（2011）：12.

[14] 李静萍. 影响国际服务贸易的宏观因素 [J]. 经济理论与经济管理，2002（11）：14 - 17.

[15] 李琳，张宇. 地理邻近与认知邻近下企业战略联盟伙伴选择的影响机制——基于 SIENA 模型的实证研究 [J]. 工业技术经济，2015，34（4）：27 - 35.

[16] 李杨，蔡春林. 中国服务贸易发展影响因素的实证分析 [J]. 国际贸易问题，2008（5）：75 - 79.

[17] 梁颖. 金融产业集聚的宏观动因 [J]. 南京社会科学，2006（11）：56 - 62.

[18] 梁颖，罗霄. 金融产业集聚的形成模式研究：全球视角与中国的选择 [J]. 南京财经大学学报，2006（5）：16 - 20.

[19] 刘凤朝，闫菲菲，马荣康，等. 邻近性对跨区域研发合作模式的影响研究——基于北京，上海，广东的实证 [J]. 科研管理，2014（35）：100 - 108.

[20] 刘婧玥，殷存毅. 三大城市跨域合作创新形成机制差异分析 [J]. 科技进步与对策，2018，35（23）：34 - 42.

[21] 马海涛，方创琳. 基于企业微观视角的城市区域生产网络空间组织研究——以粤东城镇群服装生产为例 [J]. 地理科学，2011，31（10）：1172 - 1180.

[22] 孟潇，聂晓潞，纪若雷. 关于现代服务业内涵辨析与发展经验的评析 [J]. 经济研究参考，2014（26）：41 - 49.

[23] 潘峰华，方成，李仙德. 中国城市网络研究评述与展望 [J]. 地

理科学，2019，39（7）：1093－1101.

[24] 潘峰华，刘作丽，夏亚博，等．中国上市企业总部的区位分布和集聚特征 [J]．地理研究，2013.

[25] 潘峰华，杨博飞．国家中心城市竞争力及其职能演变——基于上市企业总部的研究 [J]．地理研究，2018（7）：10.

[26] 潘峰华，曾贝妮．离岸金融中心的地理学研究进展 [J]．地理科学进展，2019，38（2）：191－204.

[27] 仇晓敏．中国公司海外上市动机与上市地选择的研究 [D]．北京：中国人民大学，2005.

[28] 曲如晓，韩丽丽．中国文化商品贸易影响因素的实证研究 [J]．中国软科学，2010（11）：19－31.

[29] 邵晖．北京市生产者服务业聚集特征 [J]．地理学报，2008，63（12）：1289－1298.

[30] 宋春玲．京沪国际金融服务贸易竞争力比较分析 [D]．北京：北京物资学院，2015.

[31] 宋加强，王强．现代服务贸易国际竞争力影响因素研究——基于跨国面板数据 [J]．国际贸易问题，2014（2）：96－104.

[32] 宋丽丽．信息技术国际服务外包东道国选择影响因素实证研究 [J]．国际贸易问题，2008（4）：65－70.

[33] 唐珏岚．国际化大都市与生产性服务业集聚 [J]．世界经济与政治，2004（11）：64－65.

[34] 唐子来，李粲．迈向全球城市的战略思考 [J]．国际城市规划，2015，30（4）：9.

[35] 万伦来，高翔．文化，地理与制度三重距离对中国进出口贸易的影响——来自32个国家和地区进出口贸易的经验数据 [J]．国际经贸探索，2014，30（5）：39－48.

[36] 王恕立，胡宗彪．服务业FDI流入与东道国服务贸易出口——基于中国数据的经验研究 [J]．国际贸易问题，2010（11）：78－86.

[37] 王勇.上市公司和会计中介机构合谋问题初探 [J].财经科学，2003（S1）.

[38] 邬爱其.企业创新网络构建与演进的影响因素实证分析 [J].科学学研究，2006，24（1）：141－149.

[39] 吴磊.G 证券公司香港地区竞争战略研究 [D].广州：华南理工大学，2019.

[40] 习伟程，邱责忠.香港特区上市的中资企业股利政策研究 [J].世界经济，2002，10（11）：74.

[41] 夏丽娟，谢富纪，王海花.制度邻近，技术邻近与产学协同创新绩效 [J].科学学研究，2017，35（5）.

[42] 徐天.VIE 架构的法律风险及其监管研究 [D].上海：华东政法大学，2016.

[43] 阎冬，姜宁，梁茂蕾.中国企业海外上市调查报告 [J].中国投资，2005（6）：82－85.

[44] 姚海鑫，尹波，李正.关于上市公司会计监管的不完全信息博弈分析 [J].会计研究，2003（5）：43－45.

[45] 姚战琪.金融部门 FDI 和金融服务贸易的理论与实证分析 [J].财贸经济，2006（10）：10－15.

[46] 殷凤，陈宪.国际服务贸易影响因素与我国服务贸易国际竞争力研究 [J].国际贸易问题，2009（2）：61－69.

[47] 张凤梅，李雪丽，潘峰华.内地企业香港上市的特征及影响因素 [J].热带地理，2015，35（6）：842－851.

[48] 张强，张宝.IPO 发行成本与中介机构声誉——来自中国创业板市场的证据 [J].证券市场导报，2011（12）：4－10.

[49] 张雨舟.金融服务行业流入 FDI 与金融服务贸易出口——基于中国数据研究 [J].中国商贸，2015（3）：91－93.

[50] 赵冬东.中国旅游服务贸易竞争力研究 [D].哈尔滨：哈尔滨工业大学，2010.

［51］赵景峰，陈策．中国服务贸易：总量和结构分析［J］．世界经济，2006，29（8）：31－36．

［52］周超，章家清．基于钻石模型的中国服务贸易竞争力影响因素分析［J］．全国商情·理论研究，2011（5）：75－77．

［53］周念利．基于引力模型的中国双边服务贸易流量与出口潜力研究［J］．数量经济技术经济研究，2010（12）：67－79．

［54］周青，侯琳，毛崇峰．制度邻近性对高新技术企业合作创新的作用路径研究［J］．科技进步与对策，2013，30（10）：81－83．

［55］周煊，林小艳．国内企业境外上市的动机及市场选择策略研究［J］．中南大学学报（社会科学版），2008，14（5）：598－603．

［56］Aggarwal R.，Angel J. J. Optimal listing policy：Why Microsoft and Intel do not list on the NYSE［Z］．*Unpublished Working Paper*，Georgetown University，1997．

［57］Albert R.，Barabási A－L. Statistical mechanics of complex networks［J］．*Reviews of Modern Physics*，2002，74（1）：47．

［58］Alderson A. S.，Beckfield J. Power and position in the world city system［J］．*American Journal of Sociology*，2004，109（4）：811－851．

［59］Alexander G. J.，Eun C. S.，Janakiramanan S. International listings and stock returns：Some empirical evidence［J］．*Journal of Financial and Quantitative Analysis*，1988，23（2）：135－151．

［60］Amihud Y.，Mendelson H. Liquidity and stock returns［J］．*Financial Analysts Journal*，1986，42（3）：43－48．

［61］Andersson M.，Karlsson C. Knowledge in regional economic growth：The role of knowledge accessibility［J］．*Industry and Innovation*，2007，14（2）：129－149．

［62］Asheim B. T.，Isaksen A.，Nauwelaers C.，Tödtling F. *Regional Innovation Policy for Small＋Medium Enterprises*［M］．Edward Elgar Publishing，2003．

［63］Balland P. A. , Boschma R. , Frenken K. Proximity and innovation networks ［J］. *Re-framing Regional Development*: *Evolution*, *Innovation and Transition*, Routlege, Oxon, 2013: 186 – 200.

［64］Ball R. , Kothari S. A. Robin. The effect of international institutional factors on properties of accounting earnings ［J］. *Journal of Accounting and Economics*, 2000, 29 (1): 1 – 51.

［65］Ball R. , Kothari S. , Robin A. The effect of international institutional factors on properties of accounting earnings ［J］. *Journal of Accounting and Economics*, 2000, 29 (1): 1 – 51.

［66］Balvers R. J. , Mcdonald B. , Miller R. E. Underpricing of new issues and the choice of auditor as a signal of investment banker reputation ［J］. *Accounting Review*, 1988, 63 (4): 605 – 622.

［67］Bancel F. , Mittoo C. European managerial perceptions of the net benefits of foreign stock listings ［J］. *European Financial Management*, 2001, 7 (2): 213 – 236.

［68］Barabâsi A. L. , Jeong H. , Néda Z. , et al. Evolution of the social network of scientific collaborations ［J］. *Physica A*: *Statistical Mechanics and Its Applications*, 2002, 311 (3 – 4): 590 – 614.

［69］Baum J. A. , Rowley T. J. , Shipilov A. V. The small world of Canadian capital markets: Statistical mechanics of investment bank syndicate networks, 1952 – 1989 ［J］. *Canadian Journal of Administrative Sciences/Revue Canadienne des Sciences de l'Administration*, 2004, 21 (4): 307 – 325.

［70］Beatty R. P. , Ritter J. R. Investment banking, reputation, and the underpricing of initial public offerings ［J］. 1986.

［71］Beaverstock J. V. 'Managing across borders': Knowledge management and expatriation in professional service legal firms ［J］. *Journal of Economic Geography*, 2004, 4 (2): 157 – 179.

［72］Beaverstock J. V. , Smith R. G. , Taylor P. J. World-city network: a new metageography? [J]. *Annals of the Association of American Geographers*, 2000, 90 (1): 123 – 134.

[73] Bennett R. J. , Bratton W. A. , Robson P. J. A. Business advice: the influence of distance [J]. *Regional Studies*, 2000, 34 (9): 813 – 828.

[74] Bhagwati J. N. Why are services cheaper in the poor countries? [J]. *The Economic Journal*, 1984, 94 (374): 279 – 286.

[75] Bodenman J. E. The Organizational Structure & Spatial Dynamics of Investment Advisory Services: The Case of Metropolitan Philadelphia, 1983 – 2003 [J]. *Industrial Geographer*, 2005, 2 (2).

[76] Boschma R. Proximity and innovation: a critical assessment [J]. *Regional Studies*, 2005, 39 (1): 61 – 74.

[77] Brealey R. , Leland H. E. , Pyle D. H. Informational asymmetries, financial structure, and financial intermediation [J]. *The Journal of Finance*, 1977, 32 (2): 371 – 387.

[78] Bryson J. , Keeble D. , Wood P. The creation, location and growth of small business service firms in the United Kingdom [J]. *Service Industries Journal*, 1993, 13 (2): 118 – 131.

[79] Bryson J. R. , Keeble D. , Wood P. The creation and growth of small business service firms in post-industrial Britain [J]. *Small Business Economics*, 1997, 9 (4): 345 – 360.

[80] Buchmann T. , Pyka A. The evolution of innovation networks: The case of a German automotive network [R]. FZID Discussion Paper, 2013.

[81] Capaldo A. , Petruzzelli A. M. Partner geographic and organizational proximity and the innovative performance of knowledge-creating alliances [J]. *European Management Review*, 2014, 11 (1): 63 – 84.

[82] Carley K. M. , Kaufer D. S. Semantic connectivity: An approach for analyzing symbols in semantic networks [J]. *Communication Theory*, 1993, 3 (3): 183 – 213.

［83］ Carpenter C. G. , Strawser R. H. A study of the job satisfaction of academic accountants ［J］. *The Accounting Review*, 1971, 46 (3): 509 – 518.

［84］ Carpentier C. , Suret J – M. The survival and success of Canadian penny stock IPOs ［J］. *Small Business Economics*, 2011, 36 (1): 101 – 121.

［85］ Carter R. , Manaster S. Initial public offerings and underwriter reputation ［J］. *The Journal of Finance*, 1990, 45 (4): 1045 – 1067.

［86］ Castells M. *The Information Age* ［M］. Blackwell Publishers: Oxford, 1996.

［87］ Castells M. The space of flows ［J］. *The Rise of the Network Society*, 1996 (1): 376 – 482.

［88］ Chemmanur T. J. , Fulghieri P. Competition and cooperation among exchanges: A theory of cross-listing and endogenous listing standards ［J］. *Journal of Financial Economics*, 2006, 82 (2): 455 – 489.

［89］ Chi J. , Padgett C. The performance and long-run characteristics of the Chinese IPO market ［J］. *Pacific Economic Review*, 2005, 10 (4): 451 – 469.

［90］ Claessens S. , Laeven L. Competition in the financial sector and growth: A cross-country perspective ［J］. *Financial Development and Economic Growth*, 2004: 66 – 105.

［91］ Coe N. M. , Dicken P. , Hess M. , et al. Making connections: global production networks and world city networks ［J］. *Global Networks*, 2010, 10 (1): 138 – 149.

［92］ Coe N. M. , Lai K. P. , Wójcik D. Integrating finance into global production networks ［J］. *Regional Studies*, 2014, 48 (5): 761 – 777.

［93］ Coleman J. , Katz E. , Menzel H. The diffusion of an innovation among physicians ［J］. *Sociometry*, 1957, 20 (4): 253 – 270.

［94］ Cooke P. The role of research in regional innovation systems: new models meeting knowledge economy demands [J]. *International Journal of Technology Management*, 2004, 28 (3−6): 507−533.

[95] Crowston K., Scozzi B. Bug fixing practices within free/libre open source software development teams [J] . *Journal of Database Management* (JDM), 2008, 19 (2): 1−30.

[96] Daniels P. W., Bryson J. R. Sustaining business and professional services in a second city region [J]. *The Service Industries Journal*, 2005, 25 (4): 505−524.

[97] Daniels P. W. Producer services and the development of the space economy [J]. *The Changing Geography of Advanced Producer Services*, 1991: 135−150.

[98] Daniels P. W. *Service Industries: A Geographical Appraisal* [M]. Routledge, 1985.

[99] Daniels P. W. *Service Industries in the World Economy* [M]. Blackwell, 1993.

[100] Daniels P. W., Van Dinteren J. H., Monnoyer M−C. Consultancy services and the urban hierarchy in Western Europe [J]. *Environment and Planning A*, 1992, 24 (12): 1731−1748.

[101] Davenport S. Exploring the role of proximity in SME knowledge-acquisition [J]. *Research Policy*, 2005, 34 (5): 683−701.

[102] Davis G. F., Yoo M., Baker W. E. The small world of the American corporate elite, 1982−2001 [J]. *Strategic Organization*, 2003, 1 (3): 301−326.

[103] Deardorff A. V. International provision of trade services, trade, and fragmentation [J]. *Review of International Economics*, 2001, 9 (2): 233−248.

[104] Derudder B. On conceptual confusion in empirical analyses of a transnational urban network [J]. *Urban Studies*, 2006, 43 (11): 2027−2046.

[105] Derudder B., Taylor P. J., Hoyler M., et al. Measurement and

interpretation of connectivity of Chinese cities in world city network [J]. *Chinese Geographical Science*, 2013, 23 (3): 261 – 273.

[106] Derudder B., Witlox F. An appraisal of the use of airline data in assessing the world city network: a research note on data [J]. *Urban Studies*, 2005, 42 (13): 2371 – 2388.

[107] Derudder B., Witlox F. Mapping world city networks through airline flows: Context, relevance, and problems [J]. *Journal of Transport Geography*, 2008, 16 (5): 305 – 312.

[108] Diamond D. W. Financial intermediation and delegated monitoring [J]. *The Review of Economic Studies*, 1984, 51 (3): 393 – 414.

[109] Ducruet C., Beauguitte L. Spatial science and network science: Review and outcomes of a complex relationship [J]. *Networks and Spatial Economics*, 2014, 14 (3 – 4): 297 – 316.

[110] Dunning J. H. *Explaining the International Direct Investment Position of Countries: Towards a Dynamic or Developmental Approach* [M] //International Capital Movements. Palgrave Macmillan, London, 1982: 84 – 121.

[111] Dyer J. H., Singh H. The relational view: Cooperative strategy and sources of interorganizational competitive advantage [J]. *Academy of Management Review*, 1998, 23 (4): 660 – 679.

[112] Edwards Samimi C. T, Rod. Japanese interfirm networks: exploring the seminal sources of their success [J]. *Journal of Management Studies*, 1997, 34 (4): 489 – 510.

[113] Ellis P. D. Paths to foreign markets: Does distance to market affect firm internationalisation? [J]. *International Business Review*, 2007, 16 (5): 573 – 593.

[114] Elsass P. M., Veiga J. F. Acculturation in acquired organizations: A force-field perspective [J]. *Human Relations*, 1994, 47 (4): 431 – 453.

[115] Firth M., Liau – Tan C. K. Auditor quality, signalling, and the

valuation of initial public offerings [J]. *Journal of Business Finance & Accounting*, 1998, 25 (1 – 2): 145 – 165.

[116] Foerster S. R., Karolyi G. A. Multimarket trading and liquidity: a transaction data analysis of Canada – US interlistings [J]. *Journal of International Financial Markets, Institutions and Money*, 1998, 8 (3 – 4): 393 – 412.

[117] Foerster S. R., Karolyi G. A. The effects of market segmentation and investor recognition on asset prices: Evidence from foreign stocks listing in the United States [J]. *The Journal of Finance*, 1999, 54 (3): 981 – 1013.

[118] Friedkin N. E., Slater M. R. School leadership and performance: A social network approach [J]. *Sociology of Education*, 1994: 139 – 157.

[119] Friedmann J. The world city hypothesis [J]. *Development and Change*, 1986, 17 (1): 69 – 83.

[120] Ganesan S., Malter A. J., Rindfleisch A. Does distance still matter? Geographic proximity and new product development [J]. *Journal of Marketing*, 2005, 69 (4): 44 – 60.

[121] Gay B., Dousset B. Innovation and network structural dynamics: Study of the alliance network of a major sector of the biotechnology industry [J]. *Research Policy*, 2005, 34 (10): 1457 – 1475.

[122] Gilsing V., Nooteboom B., Vanhaverbeke W., et al. Network embeddedness and the exploration of novel technologies: Technological distance, betweenness centrality and density [J]. *Research Policy*, 2008, 37 (10): 1717 – 1731.

[123] Glückler J. Geography of reputation: The city as the locus of business opportunity [J]. *Regional Studies*, 2007, 41 (7): 949 – 961.

[124] Goldberg L. G., Johnson D. The determinants of US banking activity abroad [J]. *Journal of International Money and Finance*, 1990, 9 (2): 123 – 137.

[125] Goyal S. , Joshi S. Networks of collaboration in oligopoly [J]. *Games and Economic Behavior*, 2003, 43 (1): 57 – 85.

[126] Greenfield H. I. Manpower and the Growth of Producer Services [J]. 1966.

[127] Grossman G. M. , Helpman E. Integration versus outsourcing in industry equilibrium [J]. *The Quarterly Journal of Economics*, 2002, 117 (1): 85 – 120.

[128] Guan J. , Zhao Q. The impact of university-industry collaboration networks on innovation in nanobiopharmaceuticals [J]. *Technological Forecasting and Social Change*, 2013, 80 (7): 1271 – 1286.

[129] Gulati R. Alliances and networks [J]. *Strategic Management Journal*, 1998, 19 (4): 293 – 317.

[130] Gulati R. Social structure and alliance formation patterns: A longitudinal analysis [J]. *Administrative Science Quarterly*, 1995: 619 – 652.

[131] Heringa P. W. , Hessels L. K. , Van Der Zouwen M. The influence of proximity dimensions on international research collaboration: an analysis of European water projects [J]. *Industry and Innovation*, 2016, 23 (8): 753 – 772.

[132] Hermelin B. Location of professional business services: Conceptual discussion and a Swedish case-study [J]. *European Urban and Regional Studies*, 1998, 5 (3): 263 – 275.

[133] Hofstede G. Dimensionalizing cultures: The Hofstede model in context [J]. *Online Readings in Psychology and Culture*, 2011, 2 (1): 8.

[134] Huggins R. The success and failure of policy-implanted inter-firm network initiatives: Motivations, processes and structure [J]. *Entrepreneurship & Regional Development*, 2000, 12 (2): 111 – 135.

[135] Hymer S. H. *The International Operations of National Firms: A Study of Foreign Direct Investment* [M]. Mit Press: Cambridge, 1976.

[136] Illeris S. Proximity between service producers and service users [J]. *Tijdschrift Voor Economische En Sociale Geografie*, 1994, 85 (4): 294 – 302.

[137] Inkpen A. C., Tsang E. W. Social capital, networks, and knowledge transfer [J]. *Academy of Management Review*, 2005, 30 (1): 146 – 165.

[138] Jaffe A. B., Trajtenberg M., Henderson R. Geographic localization of knowledge spillovers as evidenced by patent citations [J]. *The Quarterly Journal of Economics*, 1993, 108 (3): 577 – 598.

[139] Jakobsen S – E, Onsager K. Head office location: Agglomeration, clusters or flow nodes? [J]. *Urban Studies*, 2005, 42 (9): 1517 – 1535.

[140] Kadlec G. B., Mcconnell J. J. The effect of market segmentation and illiquidity on asset prices: Evidence from exchange listings [J]. *The Journal of Finance*, 1994, 49 (2): 611 – 636.

[141] Karreman B., Van Der Knaap B. The geography of equity listing and financial centre competition in mainland China and Hong Kong [J]. *Journal of Economic Geography*, 2012, 12 (4): 899 – 922.

[142] Keeble D., Bryson J., Wood P. *Entrepreneurship and Flexibility in Business Services: The Rise of Small Management Consultancy and Market Research Firms in the UK* [M]. University of Cambridge, Small Business Research Centre, 1991.

[143] Kogut B., Singh H. The effect of national culture on the choice of entry mode [J]. *Journal of International Business Studies*, 1988, 19 (3): 411 – 432.

[144] Kogut B., Walker G. The small world of Germany and the durability of national networks [J]. *American Sociological Review*, 2001, 66 (3): 317 – 335.

[145] Krugman P. First nature, second nature, and metropolitan location [J]. *Journal of Regional Science*, 1993, 33 (2): 129 – 144.

[146] Lai K. P., Pan F. Brexit and shifting geographies of financial cen-

tres in Asia [J]. *Geoforum*, 2018.

[147] Leavitt H. J. Some effects of certain communication patterns on group performance [J]. *The Journal of Abnormal and Social Psychology*, 1951, 46 (1): 38.

[148] Lei D. , Slocum Jr J. W. Global strategy, competence-building and strategic alliances [J]. *California Management Review*, 1992, 35 (1): 81 – 97.

[149] Licht A. N. Cross-listing and corporate governance: bonding or avoiding [J]. *Chicago Journal of International Law*, 2003, 4 (1): 141 – 163.

[150] Lins K. V. , Strickland D. , Zenner M. Do non – US firms issue equity on US stock exchanges to relax capital constraints? [J]. *Journal of Financial and Quantitative Analysis*, 2005, 40 (1): 109 – 133.

[151] Liu X. , Derudder B. , Taylor P. Mapping the evolution of hierarchical and regional tendencies in the world city network, 2000 – 2010 [J]. *Computers, Environment and Urban Systems*, 2014, 43: 51 – 66.

[152] Liu X. , Derudder B. , Witlox F. , et al. Cities as networks within networks of cities: The evolution of the city/firm-duality in the World City Network, 2000 – 2010 [J]. *Tijdschrift Voor Economische En Sociale Geografie*, 2014, 105 (4): 465 – 482.

[153] Lüthi S. , Thierstein A. , Goebel V. Intra-firm and extra-firm linkages in the knowledge economy: the case of the emerging mega-city region of Munich [J]. *Global Networks*, 2010, 10 (1): 114 – 137.

[154] Lundmark M. Computer Services in Sweden—Markets, Labour Qualifications and Patterns of Location [J]. *Geografiska Annaler: Series B, Human Geography*, 1995, 77 (2): 125 – 139.

[155] Lys T. , Kothari S. , Smith C. W. , et al. Auditor liability and information disclosure [J]. *Journal of Accounting, Auditing and Finance*, 1988 (3): 307 – 340.

[156] Madey G. , Freeh V. , Tynan R. , et al. An analysis of open source software development using social network theory and agent-based modeling [C]. Arrowhead Conference on Human Complex Systems. Lake Arrowhead, CA, USA, 2003.

[157] Madey G. , Gao Y. , Freeh V. , et al. Agent-based modeling and simulation of collaborative social networks [J]. *AMCIS* 2003 *Proceedings*, 2003: 237.

[158] Mans U. Tracking geographies of sustainability transitions: Relational and territorial aspects of urban policies in Casablanca and Cape Town [J]. *Geoforum*, 2014 (57): 150 – 161.

[159] Marshall A. *Principles of Economics: Unabridged Eighth Edition* [M]. Cosimo, Inc. , 2009.

[160] Marshall J. N. , Wood P. *A Services and Space: Key Aspects of Urban and Regional Development* [M]. Harlow: Longman, 1995.

[161] Martinus K. , Sigler T. J. , Searle G. , et al. Strategic globalizing centers and sub-network geometries: A social network analysis of multi-scalar energy networks [J]. *Geoforum*, 2015, 64: 78 – 89.

[162] Martinus K. , Tonts M. Powering the world city system: energy industry networks and interurban connectivity [J]. *Environment and Planning A: Economy and Space*, 2015, 47 (7): 1502 – 1520.

[163] Ma X. , Timberlake M. F. Identifying China's leading world city: a network approach [J]. *Geo Journal*, 2008, 71 (1): 19.

[164] Megginson W. L. , Weiss K. A. Venture capitalist certification in initial public offerings [J]. *The Journal of Finance*, 1991, 46 (3): 879 – 903.

[165] Merton R. C. A simple model of capital market equilibrium with incomplete information [J]. *The Journal of Finance*, 1987, 42 (3): 483 – 510.

[166] Merton R. K. , Merton R. C. *Social Theory and Social Structure* [M]. Simon and Schuster, 1968.

[167] Moshirian F. Financial services in an increasingly integrated global financial market [J]. *Journal of Banking & Finance*, 2008, 32 (11): 2288 – 2292.

[168] Moshirian F., Li D., Sim A – B. Intra-industry trade in financial services [J]. *Journal of International Money and Finance*, 2005, 24 (7): 1090 – 1107.

[169] Moshirian F. What determines the supply of international financial services? [J]. *Journal of Banking & Finance*, 1994, 18 (3): 495 – 504.

[170] Nalebuff B. J., Brandenburger A. M. Co-opetition: Competitive and cooperative business strategies for the digital economy [J]. *Strategy & Leadership*, 1997, 25 (6): 28 – 34.

[171] Neal Z. Is the urban world small? The evidence for small world structure in urban networks [J]. *Networks and Spatial Economics*, 2018, 18 (3): 615 – 631.

[172] Neal Z. P., Derudder B., Taylor P. J. Should I Stay or Should I Go: Predicting Advanced Producer Services Firm Expansion and Contraction [J]. *International Regional Science Review*, 2019, 42 (2): 207 – 229.

[173] Neal Z. Structural determinism in the interlocking world city network [J]. *Geographical Analysis*, 2012, 44 (2): 162 – 170.

[174] Newman M. E. Coauthorship networks and patterns of scientific collaboration [J]. *Proceedings of the National Academy of Sciences*, 2004, 101 (suppl 1): 5200 – 5205.

[175] Newman M. E. Scientific collaboration networks. I. Network construction and fundamental results [J]. *Physical Review E*, 2001, 64 (1): 016131.

[176] Nordlund C. A critical comment on the Taylor approach for measuring world city interlock linkages [J]. *Geographical Analysis*, 2004, 36 (3): 290 – 296.

[177] Oerlemans L., Meeus M. Do organizational and spatial proximity

impact on firm performance? [J]. *Regional Studies*, 2005, 39 (1): 89 – 104.

[178] Orozco Pereira R. A. , Derudder B. Determinants of dynamics in the world city network, 2000 – 2004 [J]. *Urban Studies*, 2010, 47 (9): 1949 – 1967.

[179] Ozman M. Inter-firm networks and innovation: a survey of literature [J]. *Economic of Innovation and New Technology*, 2009, 18 (1): 39 – 67.

[180] Pagano M. , Randl O. , Röell A. A. , et al. What makes stock exchanges succeed? Evidence from cross-listing decisions [J]. *European Economic Review*, 2001, 45 (4 – 6): 770 – 782.

[181] Pagano M. , Röell A. A. , Zechner J. The geography of equity listing: why do companies list abroad? [J]. *The Journal of Finance*, 2002, 57 (6): 2651 – 2694.

[182] Pažitka V. , Wójcik D. Cluster dynamics of financial centres in the United Kingdom: do connected firms grow faster? [R]. FinGeo Working Paper No, 2017.

[183] Pažitka V. , Wójcik D. , Knight E. Critiquing Construct Validity in World City Network Research: Moving from Office Location Networks to Inter – Organizational Projects in the Modeling of Intercity Business Flows [J]. *Geographical Analysis*, 2019.

[184] Pandit N. R. , Cook G. A. , Swann G. P. A comparison of clustering dynamics in the British broadcasting and financial services industries [J]. *International Journal of the Economics of Business*, 2002, 9 (2): 195 – 224.

[185] Pan F. , Bi W. , Lenzer J. , et al. Mapping urban networks through inter-firm service relationships: The case of China [J]. *Urban Studies*, 2017, 54 (16): 3639 – 3654.

[186] Pan F. , Bi W. , Liu X. , et al. Exploring financial centre networks through inter-urban collaboration in high-end financial transactions in China [J]. *Regional Studies*, 2018: 1 – 11.

［187］Pan F. , Brooker D. Going global? Examining the geography of Chinese firms' overseas listings on international stock exchanges ［J］. *Geoforum*, 2014, 52: 1 – 11.

［188］Pan F. , He Z. , Fang C. , et al. World City Networks Shaped by the Global Financing of Chinese Firms: A Study Based on Initial Public Offerings of Chinese Firms on the Hong Kong Stock Exchange, 1999 – 2017 ［J］. *Networks and Spatial Economics*, 2018, 18 (3): 751 – 772.

［189］Pan F. , He Z. , Sigler T. , et al. How Chinese financial centers integrate into global financial center networks: An empirical study based on overseas expansion of Chinese financial service firms ［J］. *Chinese Geographical Science*, 2018, 28 (2): 217 – 230.

［190］Pan F. , Xia Y. Location and agglomeration of headquarters of publicly listed firms within China's urban system ［J］. *Urban Geography*, 2014, 35 (5): 757 – 779.

［191］Pan F. , Zhao S. X. , Wójcik D. The rise of venture capital centres in China: A spatial and network analysis ［J］. *Geoforum*, 2016, 75: 148 – 158.

［192］Paruchuri S. Intraorganizational networks, interorganizational networks, and the impact of central inventors: A longitudinal study of pharmaceutical firms ［J］. *Organization Science*, 2010, 21 (1): 63 – 80.

［193］Pedersen C. R. , Dahl M. S. , Dalum B. 7 Knowledge flows in the Danish ICT sector ［J］. *Knowledge Flows in European Industry*, 2006: 115.

［194］Pereira R. O. , Derudder B. The cities/services-nexus: determinants of the location dynamics of advanced producer services firms in global cities ［J］. *The Service Industries Journal*, 2010, 30 (12): 2063 – 2080.

［195］Phelps C. , Schilling M. A. Interfirm collaboration networks: the impact of world connectivity of firm innovation ［C］. Academy of Management Proceedings, 2005: 01 – 06.

［196］Pike A. , Pollard J. Economic geographies of financialization ［J］.

Economic Geography, 2010, 86 (1): 29 – 51.

[197] Pittaway L. , Robertson M. , Munir K. , et al. Networking and innovation: a systematic review of the evidence [J]. *International Journal of Management Reviews*, 2004, 5 (3 – 4): 137 – 168.

[198] Price D. D. S. A general theory of bibliometric and other cumulative advantage processes [J]. *Journal of the American Society for Information Science*, 1976, 27 (5): 292 – 306.

[199] Pöyhönen P. A tentative model for the volume of trade between countries [J]. *Weltwirtschaftliches Archiv*, 1963: 93 – 100.

[200] Rallet A. , Torre A. Is geographicalproximity necessary in the innovation networks in the era of global economy? [J]. *GeoJournal*, 1999, 49 (4): 373 – 380.

[201] Reese Jr W. A. , Weisbach M. S. Protection of minority shareholder interests, cross-listings in the United States, and subsequent equity offerings [J]. *Journal of Financial Economics*, 2002, 66 (1): 65 – 104.

[202] Ripley R. M. , Snijders T. A. , Boda Z. , et al. Manual for RSIENA [J] . *University of Oxford*, Department of Statistics, Nuffield College, 2011, 1.

[203] Robinson J. Global and world cities: a view from off the map [J]. *International Journal of Urban and Regional Research*, 2002, 26 (3): 531 – 554.

[204] Roediger – Schluga T. , Barber M. J. R&D collaboration networks in the European Framework Programmes: Data processing, network construction and selected results [J]. 2007.

[205] Rose A. K. Do we really know that the WTO increases trade? [J]. *American Economic Review*, 2004, 94 (1): 98 – 114.

[206] Rozenblat C. , Melançon G. *Methods for Multilevel Analysis and Visualisation of Geographical Networks* [M]. Springer, 2013.

［207］Sampson G. P. , Snape R. H. Identifying the issues in trade in services ［J］. *World Economy*, 1985, 8 (2): 171 – 182.

［208］Sarkissian S. , Schill M. J. Are there permanent valuation gains to overseas listing? ［J］. *The Review of Financial Studies*, 2008, 22 (1): 371 – 412.

［209］Sarkissian S. , Schill M. J. The overseas listing decision: New evidence of proximity preference ［J］. *The Review of Financial Studies*, 2004, 17 (3): 769 – 809.

［210］Sassen S. The global city ［J］. New York, 1991.

［211］Saudagaran S. M. An empirical study of selected factors influencing the decision to list on foreign stock exchanges ［J］. *Journal of International Business Studies*, 1988, 19 (1): 101 – 127.

［212］Schickhoff I. Dienstleistungen für Industrieunternehmen: Einflüsse von Unternehmens-und Standorteigenschaften auf die Reichweite ausgewahlter industrieller Dienstleistungsverflechtungen (Service Demand by Manufacturing Enterprises: The Influence of Organisational Factors and Locational Environment on the Range of Selected Industrial Service Linkages) ［J］. *Erdkunde*, 1985: 73 – 84.

［213］Schilling M. A. , Phelps C. C. Interfirm collaboration networks: The impact of large-scale network structure on firm innovation ［J］. *Management Science*, 2007, 53 (7): 1113 – 1126.

［214］Schmukler S. L. Financial globalization: Gain and pain for developing countries ［J］. *Federal Reserve Bank of Atlanta Economic Review*, 2004, 89 (2): 39 – 66.

［215］Scott A. J. , Scott A. J. S. , Scott A. *Metropolis: From the Division of Labor to Urban form* ［M］. Univ of California Press, 1988.

［216］Sigler T. J. , Martinus K. Extending beyond 'world cities' in World City Network (WCN) research: Urban positionality and economic linkages through the Australia-based corporate network [J]. *Environment and Planning A: Economy and Space*, 2017, 49 (12): 2916 – 2937.

[217] Silva J. M. C. S. , Tenreyro S. The log of gravity [J]. *The Review of Economics and Statistics*, 2006, 88 (4): 641 – 658.

[218] Singh J. , Marx M. Geographic constraints on knowledge spillovers: Political borders vs. spatial proximity [J] . *Management Science*, 2013, 59 (9): 2056 – 2078.

[219] Smith D. A. , Timberlake M. F. World City Networks and Hierarchies, 1977 – 1997: An Empirical Analysis of Global Air Travel Links [J]. *American Behavioral Scientist*, 44 (10): 1656 – 1678.

[220] Smith K. , Sofianos G. The impact of an NYSE listing on the global trading of non – US stocks [M]. *Citeseer*, 1997.

[221] Smith R. D. , Chanda R. , Tangcharoensathien V. Trade in health-related services [J]. *The Lancet*, 2009, 373 (9663): 593 – 601.

[222] Snijders T. A. , Lomi A. , Torló V. J. A model for the multiplex dynamics of two-mode and one-mode networks, with an application to employment preference, friendship, and advice [J] . *Social Networks*, 2013, 35 (2): 265 – 276.

[223] Snijders T. A. Stochastic actor-oriented models for network change [J]. *Journal of Mathematical Sociology*, 1996, 21 (1 – 2): 149 – 172.

[224] Snijders T. A. , Van De Bunt G. G. , Steglich C. E. Introduction to stochastic actor-based models for network dynamics [J]. *Social Networks*, 2010, 32 (1): 44 – 60.

[225] Stack M. , Downing R. Another look at offshoring: Which jobs are at risk and why? [J]. *Business Horizons*, 2005, 48 (6): 513 – 523.

[226] Storper M. , Venables A. J. Buzz: face-to-face contact and the urban economy [J]. *Journal of Economic Geography*, 2004, 4 (4): 351 – 370.

[227] Stulz R. M. Golbalization, corporate finance, and the cost of capital

[J]. *Journal of Applied Corporate Finance*, 1999, 12 (3): 8 – 25.

[228] Tadesse B., White R. Cultural distance as a determinant of bilateral trade flows: do immigrants counter the effect of cultural differences? [J]. *Applied Economics Letters*, 2010, 17 (2): 147 – 152.

[229] Tan Y., Mookerjee V., Singh P. Social capital, structural holes and team composition: Collaborative networks of the open source software community [J]. *ICIS* 2007 *Proceedings*, 2007: 155.

[230] Taylor P., Derudder B., Hoyler M., et al. City-dyad analyses of China's integration into the world city network [J]. *Urban Studies*, 2014, 51 (5): 868 – 882.

[231] Taylor P. J., Aranya R. A global "urban roller coaster"? Connectivity changes in the world city network, 2000 – 2004 [J]. *Regional Studies*, 2008, 42 (1): 1 – 16.

[232] Taylor P. J., Catalano G., Walker D. R. Measurement of the world city network [J]. *Urban Studies*, 2002, 39 (13): 2367 – 2376.

[233] Taylor P. J., Derudder B. *World City Network: A global Urban Analysis* [M]. Routledge, 2004.

[234] Taylor P. J. Shanghai, Hong Kong, Taipei and Beijing within the world city network: positions, trends and prospects [M]. Loughborough University, 2006.

[235] Taylor P. J. Specification of the world city network [J]. *Geographical Analysis*, 2001, 33 (2): 181 – 194.

[236] Taylor P. J. The challenge facing world city network analysis [J]. *GaWC Research Bulletin*, 2012, 409.

[237] Taylor P. J. Transition towns and world cities: Towards green networks of cities [J]. *Local Environment*, 2012, 17 (4): 495 – 508.

[238] Taylor P., Witlox F., Derudder B., et al. Beyond Friedmann's world city hypothesis: twenty two urban arenas across the world [J]. *Mitteilun-*

gen der Osterreichischen Geographischen Gesellschaft, 2003 (145): 35 – 56.

[239] Tinbergen J. An analysis of world trade flows [J]. *Shaping the World Economy*, 1962 (3): 1 – 117.

[240] Tinbergen J. Shaping the world economy: suggestions for an international economic policy [J]. 1962.

[241] Tinic S. M. Anatomy of initial public offerings of common stock [J]. *The Journal of Finance*, 1988, 43 (4): 789 – 822.

[242] Tordoir P. P. Transactions of professional business services and spatial systems [J]. *Tijdschrift Voor Economische En Sociale Geografie*, 1994, 85 (4): 322 – 332.

[243] Uzzi B. , Spiro J. Collaboration and creativity: The small world problem [J]. *American Journal of Sociology*, 2005, 111 (2): 447 – 504.

[244] Wall R. *Netscape: Cities and Global Corporate Networks* [M]. 2009.

[245] Walsh K. Trade in services: does gravity hold? A gravity model approach to estimating barriers to services trade [Z]. Institute for International Integration Studies, Discussion paper, 2006.

[246] Walter C. , Howie F. *The Weakness beneath China's Rise: Singapore* [M]. John Wiley & Sons (Asia) Pte, 2011.

[247] Walter I. *Global Competition in Financial Services: Market Structure, Protection, and Trade Liberalization* [M]. Ballinger Publishing Company, 1988.

[248] Wasserman S. , Faust K. *Social Network Analysis: Methods and Applications* [M]. Cambridge university press, 1994.

[249] Weterings A. The spatial clustering of knowledge-intensive services: computing services in the Netherlands, Learning from Clusters: Springer, 2005: 275 – 302.

[250] Wójcik D. , Burger C. Listing BRICs: Stock Issuers from Brazil,

Russia, India, and China in New York, London, and Luxembourg [J]. *Economic Geography*, 2010, 86 (3): 275 – 296.

[251] Wójcik D. , Camilleri J. "Capitalist tools in socialist hands"? China Mobile in global financial networks [J]. *Transactions of the Institute of British Geographers*, 2015, 40 (4): 464 – 478.

[252] Wood P. Business services, the management of change and regional development in the UK: a corporate client perspective [J]. *Transactions of the Institute of British Geographers*, 1996: 649 – 665.

[253] Wray L. R. Global financial crisis: A Minskyan interpretation of the causes, the fed's bailout, and the future [J]. *Levy Economics Institute of Bard College Working Paper*, 2012 (711).

[254] Yamori N. A note on the location choice of multinational banks: The case of Japanese financial institutions [J]. *Journal of Banking & Finance*, 1998, 22 (1): 109 – 120.

[255] Yang T. , Lau S. T. Choice of foreign listing location: Experience of Chinese firms [J]. *Pacific – Basin Finance Journal*, 2006, 14 (3): 311 – 326.

[256] Yeh A. G. , Yang F. F. , Wang J. Producer service linkages and city connectivity in the mega-city region of China: A case study of the Pearl River Delta [J]. *Urban Studies*, 2015, 52 (13): 2458 – 2482.

[257] Zhang C. X. , King T – H D. The decision to list abroad: The case of ADRs and foreign IPOs by Chinese companies [J]. *Journal of Multinational Financial Management*, 2010, 20 (1): 71 – 92.

[258] Zhao M. , Liu X. , Derudder B. , et al. Mapping producer services networks in mainland Chinese cities [J]. *Urban Studies*, 2015, 52 (16): 3018 – 3034.